Tagebuch eines POETEN
Meine 7 Augen

August-Wilhelm R. F. Beutel
und
Marcus Barrell

Tagebuch eines POETEN

Meine 7 Augen

»Atmen, du unsichtbares Gedicht«

FSC
www.fsc.org
MIX
Papier aus ver-
antwortungsvollen
Quellen
Paper from
responsible sources
FSC® C105338

Bibliografische Information der Deutschen Nationalbibliothek:
Die Deutsche Nationalbibliothek verzeichnet diese Publikation
in der Deutschen Nationalbibliografie; detaillierte bibliografische
Daten sind im Internet über https://portal.dnb.de/ abrufbar.

© 2021 August-Wilhelm Beutel
Satz, Umschlaggestaltung, Herstellung und Verlag:
BoD – Books on Demand, Norderstedt

ISBN: 978-3-7534-6905-8

Inhaltsangabe

Einklang

I MYTHOS – Eintritt in die Arena Sloterdijks 9

A ATMEN (2 Augen im Kopf) 23
1. Vorlesung + Sonett I Teil 2
»Der Begriff des philosophischen Glaubens«

B EMPFÄNGER (2 Augen für den Leib) 86
2. Vorlesung + Sonett V

C BLUMEN (1 Auge für die Beine) 117
3. Vorlesung + Sonett VII

D QUELLE (1 Auge für die Arme) 142
4. Vorlesung + Sonett XII

E BRUNNEN-MUND
(1 Auge für den Rest: als Beginn!)
5. Vorlesung + Sonett XV 168
»Philosophie und Unphilosophie«

F/G DAS IRDISCHE 192
6. Vorlesung + Sonett XXIX
»Die Philosophie der Zukunft
Die ÜBER…BEVÖLKERUNG
F + G gemeinsam zu sehen

II Tagebuch Ausklang I–III 205
(zum Thema **Marcus Barrell** siehe Seite 63)

Bücherliste

»Die Sonette an Orpheus«
Rainer Maria RILKE
Suhrkamp Verlag (10437) Berlin
Teil 2 Nr. I–XXIX (so auch in den Texten)

Rüdiger Safranski
»Romantik,
eine deutsche Affäre«
Fischer Taschenbuch (60596) Frankfurt/Main
Seitenzahlen (RS. + Sz.)

Heraklit
»Tusculum«
Herausgeber Bruno SNELL
Artemis/Winkler (40211) Düsseldorf
Nr. seiner Fragmente
von 1–129 (B 1 – B 129)

Karl Jaspers
Bücher des Wissens
»Der philosophische Glaube«
Fischer Bücherei (KJ + Seitenzahl)
Seine 6 Vorlesungen 1947

Meine Epigramme (für mich Sinn- nicht Spottgedicht) sind
so angelegt, dass sie teilweise auf »Das Komma« verzichten.
Darum, diese, meine Form. Ich möchte den Fluss (an jenen
Stellen) nicht durch einen Beistrich unterdrücken!
Ich bitte um Verständnis!

Am Anfang meiner Arbeiten immer meine Erkennungsmelodie

Ahnenforscher fanden heraus: Alle Sie, die den Namen BEUTEL tragen, waren einst Jäger und Sammler. Mit dem Netz in beiden Händen, und am Leib den BEUTEL für die gesammelten Beeren, Pilze, Kräuter usw.: so das Familienwappen anbei!

Als Jäger und Sammler kehre ich HEIM: Jäger und Sammler von Wörtern – mein Reichtum – zu sein.

Ich zu Ich
›ich bin‹ ein Jäger mit den Augen: Friede.
›ich bin‹ ein Suchender im Wort nach mir: Verschwiegenheit.
›ich bin‹ so glaube ich noch ungeboren: Liebe!
›ich lebe‹ außerhalb der Zeit: bin ich noch tot?
›ich bin‹ der ›Reichste Mann‹ der Welt, denk ich an all mein Fühlen: SEHEN!
›ich bin‹ mit all dem Reichtum dieser Welt bestückt, ich lebe Heut
und HIER.
›ich bin‹ zum Sehen für das Morgen mit der Liebe ausgestattet, in
all der Dunkelheit noch Licht zu sehn!
›ich bin‹ ein Jäger, ›ich liebe‹ also lebe ich!
So fand ich mich: ›Ich‹, der Synästhesist!

Beutel
August-Wilhelm

Einklang

Tagebuchbeginn   20 Januar 2019

Mit dem Nachwort aus dem »Die Sonette an Orpheus« von Rainer Maria Rilke: dort von Ulrich Fülleborn.

»Rilkes Zweite Duineser Elegie endet in einer Klage über den Verlust von Göttern, das Fehlen eines gemeinsamen Mythos in unserer Zeit.«

So ist mein 1. Teil (I MYTHOS) ein paar einfachste Gedanken darüber, als Einleitung zu Teil 2 seiner Sonette an Orpheus.

Der gemeinsame Mythos, so entgegne ich, war eh und je, die Gier nach Macht, Reichtum und dem unverbrieften Hang König oder gar Kaiser zu sein … Allwissend somit ohnehin …!

Es gab einen Philosophen der sagte: »ich weiß dass ich nichts weiß.« Diese einfachste unverbriefte Weisheit von der Allheit menschlicher Erkenntnis brach ihm das Genick.

Er nahm den Giftbecher, um das Recht zu schützen, was er seinem Staate HELLAS predigte.

Er schied dahin, wie der Glaube, über alle Vernunft hinaus, in transzendenten Sphären: Er glaubte Daheim zu sein. Alles wissend? ER aber wusste es langsam schon.

Da sah ich den »ATEM, das unsichtbare Gedicht« Rilkes, und ich begann mein »Tagebuch eines POETEN« ein- wie auszuatmen … wortlos auch ich!

Einklang 2 – Tagebuch – Beginn

EINS + EINS = EINS

Die Glocke Schillers band die Töne ein;
Klöppel, er, der den Ton angab.
So schlendere ich ›Bein bei Bein‹
als Tagebuch von der Geburt bis ans Grab.

Leben und Tod, die Einheit ist nach Euklid
EINS. Das Davor gehört dazu, wie das Danach!
Der Wortkrieg über EINS hinaus, das zieht
mich in unsichtbare Gefilde. Ach

ich bin bei so vielen Wörtern hindurchgestiegen
zog das Band des Erkennens als Realist
ein, in die Wände des Transzendenten.

Was blieb? Ein Wort: das EINE. Es blieb liegen
die Andacht im Gelöbnis Absolutist
im Sinne des Freigeistes zu sein mit allen Kompetenzen.

***

Der Vogel sang. Ich schwieg!
Ich wollte mich mit ihm nicht messen.
Auch das zeugt im Erkennen für Momente – ich –
ganz klein … und doch Romantiker zu sein!

KJ 25/ Aus 1. Vorlesung
»Nirgends ist die Wahrheit fertig da, aber … von China bis zum Abendland die unerschöpfliche Quelle, die doch nur strömt, wenn sie aus gegenwärtigem Ursprung für eine Verwirklichung aufgefangen wird.«

***

Hier beginnt Schiller für mich präsent zu werden, wenn er von seinem Wunder »Sprache« spricht!

*

Jedes Wort wird wahr, im Rückblick: es war DA!

*

An dem Punkte tränen beide Augen mir das Licht hinaus von der Dunkelheit zu sprechen. Warum?

*

Quellen, wenn sie irgendwo Wort werden, erdrücken die ganze Nüchternheit, über das Woher oder das Wohin die Wörter (hier die Tropfen aus irgendeiner Höhle) fließen.

*

Jedes Wort in sich ist für mich ein Plagiat:
Woher es auch kommt. Der Sinn beginnt an der Quelle.
Und aus dem Boden sprudelt es – das Wort hervor:
es will leben, fließen …!

*

ARENEN usw.

Sloterdijk schrieb: »Poeten und Philosophen treffen sich in derselben Arena!«
So kam ich auf Jaspers und Rilke!
Sie gingen (gehen) als Mensch hinein, und als Mensch wieder hinaus?
Nach über 50 Jahren, und vielen Arenen, Philosophie: 1966–1976 offizieller Gasthörer an der Universität Hamburg. Von 1952–2003 Handwerk! Härteste Arbeit in Eis und Schnee, bis zur Selbständigkeit!
3 berufsbedingte Wanderjahre Schweiz (Bern/Basel). Dort nebenbei beim Collegium Musicum und dem Fernsehchor der Schweiz, mir jene Reize verschafft, um durchzuhalten.
Zwischenzeitlich ½ Jahr Neapel. Privatunterricht klassischer Gesang, um so meinem Lieblingstenor Caruso in seiner Geburtsstadt nahe zu sein. Mit einer schweren Gelbsucht kehrte ich HEIM. VWL/BWL-Studium in Hamburg abgeschlossen. Um dann in den Jahren 1991–1993 nach einem Stipendium des Johannes R. Becher Institutes (unter der Obhut der Uni Leipzig) zur DDR-Zeit noch, von Hamburg aus das Schriftstellerhandwerk von der Pike auf zu vervollkommnen.
Geschäftsführer der Nietzschegesellschaft Essen/München ... usw ...!
Pensioniert dann, verfasste ich ab 2003 jährlich einen Band Lyrik, Aphorismen, philosophische Betrachtungen, um mich in dieser Sloterdijk-ARENA einzufinden.

Zwei Augen für das Herz
Geboren, so das Licht, in meinen Augen.
Noch griffen die Hände ins Leere!

Heute, im Alter, auf den Schultern vieler Weiser verweilt: Nietzsche, Kant, Hegel, dann die Begründer der Romantik-Literaturperiode (1790–1835) bei Novalis, Wackenroder, Schlegel, Schelling, wieder gestrandet über Heidegger, bei Karl Jaspers, dem ich nicht auf die Schulter sprang – nein – ihn wollte ich verstehen lernen, und damit dann auch besser mich. Sein Buch »Der philosophische Glaube«. Das war der tiefste Anstoß, mich über meine Möglichkeit in Worte zu kleiden, zu vertiefen, in seine Denkweise ein wenig einzusteigen.

Seine 6 Vorlesungen, nach Friedensbeginn 1947, nehme ich – kindlich – auf, meinem Alter, nach all meiner Lyrik und philosophischen Betrachtungen den Ernst zu verleihen, die meinen 7 Augen symbolisch einzusetzen: von seinen Vorlesungen 1–6 zu lernen!

»Der Begriff des philosophischen Glaubens«
seine 1. Vorlesung nach 47, ist mein Beginn mit zwei Kopfaugen voraus und zurück zu schauen!

Seite 9–26, mit dieser Seitenzahl erwähne ich jene Stellen, die mich in meine Welt (meine Arena) zurückversetzen.

F. Nietzsche sagte einst:
»Suche dir einen Philosophen, um ihn zu überwinden.« Nicht besser sein … überwinden ist hier nur das Weitergehen, die eigenen Augen, den Sinnen gleich, die Masse mit eigener Einheit einzubinden.

Bei mir waren es die Augen, die meine Philosophie, die Suche nach Wahrheit, nach Gut und Böse, anfangs die Gehirnwindungen abrief: hinauf und hinab: Voraus und Zurück.

Zwei Augen im Kopfbereich, um wie Herztöne, Selbst, zu sein.

Ein Auge für die Beine, eins für die Arme, als ob sie fühlend sehen wollten. Und das siebente Auge? Das lief auf und ab, als ob das Blut, das durch den Körper rauschte, das Innere wie das Äußere zu betrachten.

»Das ist doch nicht normal!« riefen mir die Menschen zu. Manche Menschen sehen nicht einmal mit zwei (2) Augen.

Meine Wissenschaften waren und blieben allein meine Augen, die ich nachts in die Träume sandte, um die Bilder der Welt kopfschüttelnd in meine jugendlichen Wörter einfließen zu lassen. Später dann sahen 7 Augen, selbst geschlossen, mehr Wissenschaft, ›Rahmen-Menschen‹ oder auch nicht.

Anfangs war notenbedingt all mein Sehen und Fühlen. Die Musik war Weinen und Lachen zugleich. Sie nahm zeitweise alle Augen ein, Mensch zu sein; Krankheiten und härteste körperliche Arbeit zu überwinden. Das Seelenleben war beschlossene Sache: Heirat, Kindgeburt. Hamburg hatte mich, nach diesen Jahren wieder, nach dem ich die Augen, vordem für ½ Jahr in Neapel, mein sauer verdientes Geld in die Glücksmomente des Gesanges eingab.

Mit einer Gelbsucht kehrte ich heim. Die Musik und die Träume blieben. Nach der Auflösung der Gefühlswelt Ehe, Kind; da gab mir eine Bibliothekarin am Markt zu Hamburg ein Buch: »Also sprach Zarathustra!«, so zog ich ein, die Mittlere Reife am Abendgymnasium nachgemacht, um ›damals‹ – offiziell als Gasthörer für Philosophie an der Uni Hamburg zugelassen zu werden. Mit Karl Friedrich von Weizsäcker begann ich, an Kant herangeführt, langsam auch die Augen wieder zu öffnen: »a priori, a posteriori«: Wohin ging mein Wort? War das Philosophie, jene Wissenschaft, die die Grundzüge aller Augen Sehen verleihen sollten? … oder fiel das auch in diesen Bereich: Philosophie?

Später dann, als ich von der Uni, der Dozentin dort, die Möglichkeit erhielt, offiziell zu studieren (durch eine Sonderprüfung) (die Unterlagen auf dem Tisch daheim), da sah ich nach einem Paris-Aufenthalt die Brückenbewohner dort liegen …! Ich sah mich dort in Kälte und Eis, all das, was ich Jahre, Jahrzehnte bis zur Selbständigwerdung noch über mich ergehen lassen musste. Ich schrieb ab, bedankte mich für ihre Mühen. Und ich sah meine Mitmenschen lächeln, kuscheln hinter vorgehaltener Hand: »das hätte er sowieso nicht geschafft: Handwerker, soll er doch endlich Farbe bekennen!«

Also hin: und ich entschloss mich, um diesen grinsenden, hohnlächelnden Kollegen eines Besseren zu belehren, zum BWL/VWL-Studium anzumelden. Ich studierte und schloss das Studium auch in Hamburg ab. Auch das war irgendwo: Philosophie, Philosophie meines Lebens. Sie begann Wort zu werden. Hegel, Kant, die alten Chinesen Laotse, Konfuzius, dann wieder Nietzsche im Arbeitskreis Essen/München. Und über die alten Griechen, dort besonders Heraklit, der seinen Königsmantel abgab, an seinen Bruder, um seine Fragmente, die teilweise in einem Band »Tusculum« erhalten blieben: zu verewigen.

Und dann Sokrates, der über all diese, seine 7 Augen, so wie ich ihn sehe, seinen Staat Hellas aufbauen wollte. Seine unwiederbringliche Tiefe, verwarf man. Das war die Angst der Staatsmacht, an Endlichkeiten herangeführt zu werden … dort, wo der menschliche Geist an Grenzen heranstößt: der Eine früher, der Andere später.

»Ich weiß, dass ich nichts weiß!«, das waren seine in die Allheit hineinblickenden Augen, der Menschheit, Allen, Grenzen aufzuweisen.

»Wir, die wir an der Macht sind, uns sollen Grenzen gesetzt werden?« … Wer nimmt das, im ›Willen zur Macht‹, auch gerne hin. Man schloss die Augen und verurteilte ihn. Er nahm den Giftbecher, um sein Recht, das er für Recht hielt, am Leben zu erhalten: für die Menschen, die die Augen nicht und nimmer öffnen wollen – aus der Angst die eigenen Augen sehen zu müssen, diese Grenzen der Endlichkeit, offen in Rede und Antwort durch ihre Lebenswelt hindurchzutragen … Jetzt?

Jetzt, jenes Alter erreicht, der Punkt, wo Poesie und Philosophie mir ›Taggebräu‹, erfülle ich mir jenen Traum, all meine Augen in diese Welt, die vor mir (so auch hinter mir) liegt, offen in die Augen zu schauen. Da bemerkte ich das erste Mal, zwar erstmalig im Traum, durch diese 7 Augen hindurchzuschauen.

Und wieder wurde ich an Rainer Maria Rilke erinnert. Seine Sonette an Orpheus, mit dem 2. Teil. Er beginnt: »Atmen, du unsichtbares Gedicht.«

Hinzu kam Sloterdijk, der als Philosoph von sich gab: »Der Poet und der Philosoph treffen sich in derselben Arena!« Da sah ich wieder mich, der in beide Denkrichtungen unschuldsbewusst einstieg. In dieser Arena frage ich Sloterdijk, als Wer oder Was verließen Sie diesen Punkt? Ich hoffe, es blieb der Mensch übrig.

In diesem Sinne versuche ich, in der Arena Mensch aufzutreten: Beide ganz zwanglos aufzusuchen, um mich am Ende dieser Zusammenkünfte, den unsichtbaren Atem im Gedicht sichtbar zu machen.

Im Grunde müssten wir Alle, Mensch an Mensch, in diese Arena eintreten, um unser Aller Atem für jeden Einzelnen sichtbar zu machen.

Dafür, so Schiller, haben wir das Wunder Sprache! Möge sie trotz aller Technik und aller Wunderwaffen der Smiley lächelnden Figuren, uns das eigene Denken im Wort selbst noch lange erhalten bliebe.

So fand ich mich nach diesen über 50 Jahren in dieser Arena: Lyriker, Philosoph, Betriebswirt, Opernliebhaber, um irgendwo, als Mensch, die Pforten hin zu öffnen um unseren Atem, den unsichtbaren, Wort werden zu lassen: Es gibt, so glaube ich, doch noch die anderen sieben, acht usf. ... Sinne/ Augen?

Um Mensch zu werden auf Erden machte ich mich, all die Jahre, auf meinen Weg ...!

Ich beginne mit dem Thema A Mythos.

I Mythos

Einklang und Mythos bebildern die Gedanken ein in den Rahmen, der aus den Vorlesungen Karl Jaspers, nach dem II. Weltkrieg mir nahe gingen. 1947 durfte er wieder, von den Nazis abgesetzt, die weil er mit einer Jüdin verheiratet war, da durfte er wieder, von Heidegger abgesetzt, seine Vorlesungen halten: Aus diesen Sechs Vorlesungen, in einem Buch zusammengefasst: »Der philosophische Glaube« – Verlag Fischer Bücherei, möchte ich ein paar Thesen herausgreifen und in mein Tagebuch aufnehmen, um mir, in meiner Arena Mensch ein wenig meine eigene Sprache zu erweitern oder einfach nur zu vertiefen.

In der Verbindung mit Rilkes Teil 2, seiner Sonette an Orpheus, einige Fragmente Heraklits, und dem Buch »Romantik, eine deutsche Affäre« von Rüdiger Safranski versuche ich Sloterdijk nachvollziehen zu können, wie und wo diese Arenen beheimatet sind. Heidegger und Jaspers trafen sich als Philosophen in der Arena »Nationalsozialismus«: und übrig blieb, »der Atem, das unsichtbare Gedicht!«.

Also, so dachte ich mir, meine eigene Arena aufzubauen, wo nicht nur Poeten und Philosophen sich treffen, sondern u.a. auch ganz einfache Menschen, so wie Du und ich! War ich wirklich schon ein POET? Ich bin ständig auf der Suche. Also begann ich mit dem Mythos aus der ganz großen Arena: dort, wo Schiller ersucht, uns Allen an die Sprache – als Wunder – zu erinnern.

Rückblick
Ein Kind öffnet die Augen 1937

Meine Philosophie
ist das Gebären
den ersten Atemzug zu benennen
als das meine Augenöffnen.

Zum Wort? Es war ein erbärmlicher
1. Schrei, so sagte man es mir später!

***

9 Monate, eingebunden
um als Leib zu gesunden.
So lag dieses Knäulchen da
und alle lagen sich in den Armen.

*

August der Vater, der seine auch!
Der Dorfschmied, Wilhelm gab als Pate
seinen Namen – so war August-Wilhelm
Staatseigentum, als Akte eingeschrieben.

*

Der Kaiserenkel wurde nicht gefragt.
Und mir war es augenzwinkernd auch egal.
Die Mutterbrust war mir da schon näher
als Titel und Spielchen mit Welt und Gebaren!

*

Das Davor, vor den 9 Monaten war Keim!
Und vor dem Keim? War doch irgendwo schon mein
Seelenleben: Fleischgeburt geplant? Ich schwieg!

*

Davor, vor dem Davor, dort setzen die
8, 9 Augen usf. ein, die nur Zahl,
einfach Masse sind im Sein!

*

Dort, wo Glaube Wissen wird
beginnt im Grunde erst das Wort
Unwissenheit zu benennen.

*

Benannt dann wird aus Vielem
was Einheit sollte sein
der Schein
sich selbst ernannt zu haben.

*

Da wurde aus dem Benennen
erneut ein: Nichterkennen
und der Nachtwind wehte den Schleier
vors Fensterglas, um Deiner Augen Glanz
einfach im Benennen zu erkennen.

*

Da sah ich ein, mein Schritt voraus, er war
im Grunde ein Treppenabsatz zurück!

*

Wie komme ich jetzt wieder hinauf?
Öffne Deine Augen! Da bemerkte ich
sie waren geschlossen!
War das schon Wissen oder Glaube?

*

Da schloss ich sie und sah mich
mit einem weißen Blatt Papier
unbeschrieben, und doch vollgetönt
mit Wissen, und dem Glauben angefüllt.

*

So umging ich die Benennung und blieb im Wort!

*

Wir müssen die Quellen nicht nur auffangen,
sondern in den Quell-Beginn hinabsteigen,
um heute z.B. die Gülle, Pestizide, herauszu-
filtern. Dort beginnt das Wunder Sprache.

*

Ich ist nur dort Einheit, wo ich die Zahl 1
isolieren kann. Denn sonst ist jedes Ich ein
unendliches Plagiat, – so viele Male –
wie es Menschen auf Erden gibt.

*

Strömt die Quelle: zuerst wird sie Bach, dann Fluss,
um im Meer, in dem Plagiat Wort zu enden.
Dort wird die Wahrheit, die Du Dir erdacht, in eine
Diallele einsteigen, in jenen Kreisverkehr, der
sich nicht selbst widerlegen kann. Es sei denn, man
wartet auf den Regen, und hofft Teil im Tropfen
zu sein, der vom Himmel fällt, aus diesem Ring-
Verkehr auszusteigen.

*

Nehme ich jetzt den Schirm, den Regenmantel, oder
ich setze mich geschützt in einen warmen Raum,
dann öffnet die Macht – MEER – seinen Wort-
Zauber und du wächst in neue Kreise hinein:
Meer im Meer zu sein.

***

Der Beginn des Satzes
»Nirgends ist die Wahrheit da«
endet im Lebenslauf des Schatzes:
und ich seh, und ich sah!

Das sah sich schon als Wahrheit an.
Eine Ankündigung zum Sehen
Sie quillt aus der Quelle auch bergan
im Ursprung Wahrheit zu verstehen.

Ob China oder Abendland
die Verwirklichung war aufgefangen
dort, wo das Meer zurück

ungesehen für das Auge ›Hand‹
den Quell des Wortes zu erlangen.
Der Regen ruhte: welch ein Glück!

A

Zur besseren Einsicht in mein Tagebuch eine kleine Auflistung

Karl Jaspers in seinem Buch »Der philosophische Glaube«
seine Vorlesungen nach Kriegsende 1947 (Zitate bezeichnet)
1–6.

I   Der Begriff des philosophischen Glaubens
Zwei meiner Augen im Kopfbereich.

II   2. Vorlesung 1947 »Philosophische Glaubensgehalte«
Zwei Augen im Brustbereich

III   3. Vorlesung 1947
»Der Mensch«
Ein Auge für die Beine, um zu gehen!

IV   4. Vorlesung 1947
»Philosophie und Religion«
Ein Auge für die Hände

V   5. Vorlesung 1947
»Philosophie und Unphilosophie«
Das siebente Auge, als ob das Blut durch den Körper
rauscht alle Sinne … Augen zu binden.

VI   6. Vorlesung 1947
»Die Philosophie der Zukunft«

***

A   2 Augen – Das Vorleben. Säugling, Kleinkind
im II. Weltkrieg: 1937 geboren.

B   2 Augen für den Brustbereich: Kindheit
in vollster Blüte: Krieg!

C   1 Auge – für die Beine, die den Körper durch die
Jugend tragen sollten.

D   1 Auge – für die Arme, die das Glück suchten
geliebt zu werden, um dann von dort aus, vorausschauend,
sich auf Romantik, in der Philosophie, einen Teil zu öffnen,
der wortgebunden und doch wortlos blieb.

E   1 Auge – für den gesamten Blutkreislauf, der sich
dem Alter öffnete, mit 7 Augen geschlossenen
Auges all das zu sehen, was die geöffneten, so, nie
und nimmer hätten in sich aufnehmen können.

F/G   »Atmen, du unsichtbares Gedicht …« Rilkes
geschlossene Augen fielen mir ein:
Sokrates auf dem Marktplatz, dort, wo Nietzsches
Seiltänzer den Leuten zurief: »Gott ist tot! IHR
(ich und du) haben ihn getötet.«

6. Vorlesung »Die Philosophie der Zukunft«
(gemeinsam und doch getrennt) F/G.

F   Das Irdische. S. 131–140
Sonett XX »zwischen den Sternen, wie weit; und doch
um wie vieles weiter, was man am Hiesigen lernt.

G   Über Bevölkerung S. 141–152
        Sonett XX »Fische sind stumm.«

II   Ausklang (I–III)

Meine Augen beginnen
        langsam sich zu öffnen
        um zu sehen.

***

Zum Thema MYTHOLOGIE

Mythologie (Phils. Wörterbuch):
Mythologie gr. Mythos, Göttergeschichte
und logos: Lehre, die Lehre vom Mythos, die Überlieferung der Mythen, die Wissenschaft von ihrer Entstehung, ihre Formen und ihre Bedeutung.
(der Duden) Mythologie, die … überlieferten Götter, Helden, Dämonensagen eines Volkes …)
Mythos: Sage und Dichtung von Göttern und Helden und Geistern:
legendäre glorifizierte Person oder Sache.
Warum ich so beginne? Ich muss mir ständig vor Augen halten, warum Mythos eine so gewaltige Ausstrahlung ›über das Wort‹ sich aufmacht, mich zu beunruhigen.
Mit Rilke und seinem 2. Teil seiner Sonette an Orpheus-Heraklit mit seinem Tusculum, seinen ca. 130 Fragmenten, und R. Safranskis Werk »Romantik, eine deutsche Affäre« (u.a. K. Jaspers). So begebe ich mich aufs Neue, auf eine ständig Neue Reise, in den Grenzbereich des Wunders Sprache einzudringen.
(S. RF 26) »Kein Volk ist ein von Gott einzig ausgewähltes Volk der Erde.«
(S. 69) Schlegel: »Das ist nicht weiter schlimm, denn nicht verstanden zu werden gehört noch zum Konto des ironischen Romantikers.«
Wer versteht in diesem Moment den Anderen? Mythos gleich Göttergeschichte!
Novalis: S. 153 – »Das Unendliche ist offen, es schließt Vergangenheit und Zukunft ein!«
Rilke beklagt: am Ende der 2. Duineser Elegie den Verlust der Götter!
Nietzsche schreibt kurz und bündig: Gott ist tot.
U. Füllekorn weiter: »Die Frage ist nur, ob wir heute nicht

schon in der Lage sind, einen Rilkeschen Text ohne ›Übersetzung‹ in philosophische Begrifflichkeit, so wörtlich wie möglich, aufzunehmen.

Dennoch hat er, Rilke, einen Engel-Mythos geschaffen als strukturbildendes Element seiner Elegien.«

So beendet Ullrich Fülleborn sein Nachwort der Sonette an Orpheus: »So nehmen die Sonette Rilkes die Form einer Lehrdichtung an, vergleichbar den altgriechischen Hymnen, die unter dem Namen des Orpheus verbreitet waren.« – S. 164 RF – »Dionysos ist der Gott des Weines, Poesie, die den sakralen Raum schafft in dem sich das Göttliche ereignen kann.«

»Man dringt in die Wirklichkeit ein, statt sich ihr zu öffnen und sie aufgehen zu lassen. Deshalb sieht die Erde nicht mehr, hört nicht den Vogellaut, und die Sprache zwischen den Menschen ist verdörrt.«

Diesen Zustand nennt Hölderlin Götternacht und warnt vor der Scheinheiligkeit, mit der mythologische Thesen und Namen zum bloß antichristlichem Spiel missbraucht werden.«

S. 168 weiter: »Das Göttliche stirbt, wenn die Menschen sich wechselseitig zum Ding machen. Dann ist uns, als ob ein Nichts über uns waltet, als wir geboren werden für Nichts, das wir lieben, ein Nichts, um allmählich überzugehen ins Nichts. Götter aber, die nicht geteilt werden, verschwinden.«

In diesen zwei Absätzen aus dem Safranski-Werk gilt es sich aller Wörter zu entledigen, um als neugeboren sich aus diesem Nichts herauszuwinden, wobei das Wort Nichts = Nihilismus die neue Denkrichtung der Menschheit insgesamt einnimmt.

***

In das Nichts sich hineindrängen: es bleibt mir nur 1 Wort = einer Zahl!

Unsichtbar ist Deiner Lippen Beben.
Gleichfalls, so berichtet Rilke ›fort und fort‹
ist das Gedicht unkenntlich für das Leben.
So sprang es ihm über Bord

die Lichtergrenzen aufzulösen.
Schlummerwerte im leichten Dösen

zogen in den Tag hinaus. Ich atmete ein
geöffnet ist das Labyrinth, zu schauen.
Ein wenig abseits reiht sich Stein
auf Stein, der Menge blind zu trauen

säuberlich ein, unsichtbar benannt
von dem Poeten. Er, der in Sonetten
träumend das Kreuz des Südens verbrannt'
nur um unsichtbar zu bleiben. Wetten

er atmete ein und aus wunderbar
im Flüsterton! Und am Gitter weinte ein Star!

Mythos/Mythologien

Ich nahm auf ein Zeichen!
Rätselhaft, geheimnisvoll.
so konnt' es mich zur Nacht erreichen.
Auch am Tage schwoll
das unverfänglich Moleküle

›kleinste Einheit‹ einer chemischen
Verbindung in die Nüstern ein
und schwups als Glauben dahin.

*

Geboren: im Nichts zu leben? Nein!
Ich atme ein, dort, wo Das Glauben
und Der Glaube das Zeichen verliert.
EINS zu sein und zum Wissen wird.

*

In der Allmacht Einheiten aufzugliedern
fiel mir ein, Nichts muss demnach Alles sein.

*

So begann ich in der Dunkelheit zu sehen,
um Glaube und Wissen zu verstehen.
Da fiel mir Sokrates ein: »ich weiß, dass
ich nichts weiß«
Und ich verstand sein Begehren, Allwissenheit
der Menschen zu lehren. Grenze: Sein!

(KJ S. 13) »Durch Kritik aber werden die Reinheit der Sinne auf die Grenzen des Erkennens gewonnen.«

S. 13/ »Die subjektive und objektive Seite des Glaubens sind ein Ganzes.«

Aber, wer sieht in der Kritik diese Wahrheit ein? Und der Kritiker? Sie selbst leben doch vom Zerfall, Kritik als Selbstgewinn zu verzeichnen! Es gibt Kritiker, die ständig Dagegen, nie ein Dafür plädieren, da ihnen sonst die Befähigung genommen wird: weiter zu leben!

… wenn ich glaube, dann zählt weder das Eine noch das Andere. Das EINE wird zur Zahl, man zählt auf. Möge meine Poesie nie den, der glaubt: anzählen. Hier, an dieser Stelle löst sich Wort in Zahl, selbst im festen Glauben auf.

DER Glaube ist wortlos … DAS Glauben ist das Wort!

Wehe dem, der Das Glauben zum Der Glaube erhebt. Recht? Manches Recht ist auf Das Glauben aufgebaut, bis es irgendwann wieder wortlos wird: überholt … Z.B.!

Machtansprüche durch Kriegsgewinne usf.! Ein neuer Kreis wird Wort. … Wortlos: ich! Von dem Punkte an sah ich die gewaltige Macht der Sehenden: Kirchen, Politiker, Fabrikanten, Herren – gleich Mann oder Frau – die sich an den Rand der sokratischen Einsicht geopfert fühlten, doch über alle Grenzen hinaus zu sehen … Sie haben immer ein Auge mehr, um Glauben in Wissen umzuwandeln.

Das Phänomen – SEHEN – ist eigentlich augenlos zu betrachten, dort, wo alle Sinne in die Welt hinauslaufen, um zu gesunden: ich weiß! Die Diallele der Weltweisheit schmiedet Kreisverkehr auf Kreisverkehr in die Worte der Macht: sei's mit Gesetzen, Machtparolen usw., um keine Grenzbereiche der menschlichen Vernunft als Seufzer der Wahrheit zu entäußern. $1 + 1 = 2$, EINS + EINS = EINS … so endet mein Kreisverkehr, um aus der Einkreisung Zahl/Wort herauszugelangen: ich, Wort zu sein, nie Zahl.

»Ich denke, also bin ich?« Nein, dazu fiel mir ein, im, ich bin, noch Zahl, nur gedacht zu sein!

Die ersten beiden Augen:
Kreisentbunden
fielen aus dem Muttermund heraus.

Sollten diese sehenden Lider
gesunden
zu bauen auf – ein eignes Haus?

Da fiel aus dem Kiemenatmen – Fisch –
›im Mutterleib ich, heraus‹
Das Auge geöffnet! Welt ich bin DA!

Und auf dem Tisch
jede Mutter, jedes Weib an sich
in aller Geburt: Ein Held.

So schlief ich ein
mit der endlos Seele:
War dies das Sein? … Nein!

(KJ 11–24) »Der Begriff des philosophischen Glaubens«

Zwei Augen im Kopfbereich

Dort, im Dachbereich des Schauens
gesehen zu haben, dort gebiert das Korn
den Keim die Augen geschlossen zu halten.

Zu wichtig ist die Hirngestaltung aufzunehmen
nachts die Lider geöffnet zu halten,
um das Grün der Ampeln zu verstehn!

Der Kopf als Sammelbereich
die Wörter zu köpfen, sie, die wie Fliegen
dich umsummen, ihre Eier abzulegen!

»Wenn er gut handelt, muss er wissen,
dass er gut gehandelt; aber dieses
Wissen ist schon seine Selbstzufriedenheit
und damit sein Hochmut!« (KJ)

(I) »Atmen, du unsichtbares Gedicht«
Dieser Ansatz aus Rilkes Sonette an Orpheus ist mir in die
Hand gegeben: zu leben.

***

Von der Knospe zur Blüte
von der Frucht, dem Blatte z. Beispiel
zum Welken, behüte
ich den Gedankengang Leben, ein Viel

an Sinnfreiheit zu geben
im Auf und Ab von der Geburt
zum Grabe: Leben.
Dort zählt die Furt

das Vordem wie Nachdem, dazu:
Leben als Einheit zu verstehn.
Die Knospe als Beginn die Ruhe spürt

den Fortgang zum Welken zu besehn.
Als ob das Vor und Danach zum Leben gehört.
Beides ist EINS, Leben zur Seele gekürt.

Der Atem eines Philosophen und eines Poeten in derselben Arena

Der Philosoph Dilthey schreibt: »Des Baumes Frucht ist die Blüte!«

Somit ist die Birne, der Apfel usf. nicht mehr dem eigenen Leben zugehörig.

Leben und Tod ist ein wortloser Zustand, er, der ständig, obwohl menschlich unfassbar durch den Wortgeber hervorgezerrt, zu wissen, was die Seele ›eine andere Unendlichkeit‹ sichtbar machte, und damit das unausgesprochene Gedicht … sichtbar!

Ich belasse das Davor und das Danach in der Unendlichkeit bestehn, damit die Seele, so das Wort … sie müsste demnach auch ein Davor sowie ein Danach besitzen.

Das Wort Gott schließt ein, unerkennbar ewiglich zu sein. Und doch formte er ›so einige Schriften‹ den Menschen nach seinem Ebenbilde.

Wahrheit und Lüge bilden in diesem Falle eine EINHEIT … Hier endet mein Wort!

In der Freizügigkeit mit der Knospe – die Geburt – zu beginnen, ende ich mit dem Welken der Pflanze, um dem Boden (Worte etc.) Nährkraft zu geben, den Bestand Menschheit ständig NEU zu erheben: zu beleben allemal.

Mein Werdegang durch das ›Tägliche Einerlei‹

Mythos Atmen: Leben empfangen zu haben.
Quelle und Brunnen-Mund: Geburt!

*

Die Blume als das irdische Verlangen, zu blühen; um die Bienen zur Befruchtung anzulocken, den unsichtbaren Atem, der mich umgibt ins Irdische aufzunehmen.

*

Über das Irdische z.B. ›Die Überbevölkerung‹ zum Sinnbild meines Atmens, zu hinterfragen: Warum töten wir uns gegenseitig für das letzte Glas Wasser? … oder Ähnlichem unsichtbaren Gedicht: mit Religionen usw. Uns zu verdoppeln, verzehnfachen ins Grenzenlose … nicht mehr Mensch zu sein!

*

Dann fand ich für meinen kleinen Zeitraum LEBEN zu meinem Atem zurück und mein Odem wurde Wort – zwanglos – und doch sichtbar. Die Kälte hauchte ich den Atem ihn an die Fensterscheibe. Und was sah ich?
Trotz Kanonendonner und fröstelnden Händen zeichnete das unsichtbare Gedicht meinen Atem als wundersame Kristalle an die Fensterscheibe. Und?
So der warme Atem ein Loch in diese Wunderwelt der Eiskristalle blies. Sie formten sich aufs Neu zu einem wunderbaren Bild.

An dem Punkte stellte sich die Romantik bei mir ein: für Momente nur, aber sie war DA! Da setzte die Realität, die Kälte des Krieges in meiner Kindheit das Messer an:
nur »Romantischer-Realist« zu sein!

Atmen: Empfangen!
Quelle der Blume gleich.
Das Irdische, die Möglichkeit
die Bevölkerung ans Menschsein
zu erinnern, um das
»unsichtbare Gedicht«
den Atem an den Fensterscheiben
der Welt unbeheizter Wohneinheiten
zum Leben zu erwecken!
Frucht zu werden:
M E N S C H … nur ein Wort?
… sag DU es mir, auch unsichtbar allemal …
und über All …!

KJ S. 46) »Der philosophische Glaube verlangt Nüchternheit und zugleich vollkommenen Ernst.«

***

Das Nichts erlosch in mir und doch sah ich die Grenze, wo die Dunkelheit dem Licht die Hände reicht: zu wissen, als Mensch.

Gottgläubigkeit ist die tiefste Reinheit aller Religionen, das sah und sehe ich ein ...

Der Glaube ist das EINE und Das Glauben ist das Wort. Dort, wo ich das EINE trennen will, Wort werden lasse, gebe ich Den Glauben auf. Hier setzt die Diallele ein, Der Ringverkehr, wo sich Eins mit Eins bewörteln soll.

***

»Also ist Der Glaube wortlos?«, so fragte man mich.

»Ja!«, denn jedes Wort in sich ist von vornherein ein Plagiat, das sich durch jeden Ansatz entwerten lässt.

*

»Aber warum dann das Wort?«

So fragte man weiter.

»Sprache als einzigen Aufruf, Dein Innerstes anzurufen, um in der Annäherung sich aus dem Kreis der Diallele, der in sich schlüssig gemachte Ringverkehr, aufzubrechen, Dich als EINS zu benennen! Das alleine ist das Geheimnisvolle. »Das Wunder Sprache«, wie Schiller es (sie) betitelte.

Nietzsche schrieb einst einfach:
»Gott ist tot!« Er sprach damit nicht das
Göttliche EINE an, sondern das Wort, die
Worte, mit denen die Menschheit sich selbst
vergöttlichen will.

*

Siehe Cäsar, all die Trojaner, die sich
vergöttlichten: Agamemnon, Achill, Dionysos
den Gott des Gesanges der Griechen:
in Rilkes Sonetten usf.!

*

Wunder gibt es immer wieder: Neue, Alte!
Schaue ich auf den Baum, vor meinem Fenster:
entlaubt, dann sehe ich heute im Traum
– mit offnen Augen – irgendwo Knospen
aufbrechen, und ein Strom, aus der Erde
Quell, schenkt der letzten Spitze in unendlicher
Höhe und Ferne durch »das Unsichtbare Atmen«
der Rinde, dem Zweig Blatt um Blatt
beglückendes Nass. Ein Wunder? Nein!
Der Mensch weiß doch wieso und warum. (…)!

*

Das, was für Andere eine unbedeutende Naturerscheinung:
erforscht, erkannt wurde, ist vom Worte her
der Allgemeinheit ein ›Schnöder Frühlingsanfang‹:
für mich ist's und bleibt es ein Wunder,
wie die Wurzel dem schwarzen Erdreich den Saft

entnimmt, um ihn in die höchsten Höhen des Baumes zu treiben, um die Knospen sprießen zu lassen.

So ist es auch mit: Der Glaube, und
Das Glauben! Wir atmen ein, wir atmen aus,
das ist doch ganz normal, so sagt man mir! Ja!
O.K.! Aber …
Und schon bin ich im Wort!

*

Übergülle ich das Land, dann geht irgendwann
der Baum, der Strauch, die Blume ein.
Bewörtele ich das Unbegreifliche, dann
entferne ich mich vom reinen Saftstrom,
der das Eine – Der Glaube – atmen lässt.
Das Glauben ist stets mit Unwissenheit
gekoppelt, die man in die eigene Machtform
einfließen lässt, um das Eine umzugestalten.

*

»Warum dann überhaupt das Wunder Sprache?«,
so fragte man mich:
»Mehr als sichtbar gilt die
unsichtbare Harmonie!« So möchte ich mit Heraklit
meine Einleitung über Muttersprache in aller Welt
hier enden!

*

Bewörteln, ein von mir eingelegtes Wort, um
klarzumachen, was ich mit dem Belegen von Zeilen
im negativen wie im positiven Sinne, im Wortbelegen,
stets Ursachenforschung im landläufigem Sinne
zu tätigen. Annäherung von Atem zu Atem sei einfach

diese Losung mir, um das Wort stets offener zu gestalten …!
Überall: im Der Glaube und Das Glauben, um an das
Eigentliche Ich so nahe wie möglich heranzukommen.
… Das Wunder Sprache! …

Gereimte Epigramme!
Wort bei Wort ist diese Flamme
mir Sinn- nicht Spottgedicht:
ein fröhlich heiteres Gesicht.

Wenn's manches Mal
schwer fällt am Marterpfahl

vorbei, den Sinn als Atem zu beachten.
Im täglichen Betrachten
Mythos als Glauben einzustufen
wie der Eisschritt auf feinen Kufen

sich selbst befreit
alleine durch die Zeit.

***

Das unsichtbare Gedicht wird aber von all den anderen Sinnen aufgenommen.

Was wäre bei einem Kuss, der unsichtbare Austausch des Atems? ... Also?
Strenge ich mein Inneres ein wenig an, dann kann ich »das unsichtbare Gedicht« zwar nicht sehen, aber wofür habe ich eigentlich die restlichen Sinne, »Fühlen, Schmecken, Hören« ... und der gleichen Titelungen mehr?
An dieser Stelle wird mir jeder Atem, wie Rilke ihn beschreibt: sichtbar, ich fühle mich hinein, werde Wort, um im Austausch Atem/Wort seine Sonette nachzuvollziehen.

KJ 26/ »Durch die Philosophie haben Menschen gegen den
Sinn den Weg zum Nihilismus gefunden.
So gilt die Philosophie als gefährlich. Nicht selten wird sie für
eigentlich unmöglich gehalten.«

***

Die Suche nach Wahrheit bleibt zeitlos:
ungebunden,
um im Lichtrausch
dort zu gesunden

wo die Philosophie wissenschaftsgebunden
jene Zeitspuren kreuzt
beiseite legten, um zu gesunden
vom nächtlichen Sturz

geschlossenen Auges zu sehen.
Das lichtlose Geschehen
Wahrheit einzugliedern,

nur mit neuen frechen Liedern
den Aufruf des Wortes Recht zu erspähen.
Man fand die Zahl: und Du kannst zählen …!

***

Der Buchstabe Z ist hier der Beginn …!!

44

1

Der Glaube ist, mit Licht zu messen.
Das Glauben ist ›das Sein zu vergessen‹,
um auszuströmen in den Wald
der geheimnisvollen Dunkelheit.

2

Mythos ist »DER und DAS« in EINS.
Nach Euklid sind beide Einheit
ein Ganzes, das geteilt dann dieses
Außer-Ich ergibt: zu glauben
und zu wissen wird Eins.

3

Die Religion ist noch endlos mehr
obwohl sie auch in Einheit eine Definition ergibt:
zu sehen oder sich blenden zu lassen.

4

Einheit ist in sich das aufgehobene Ich
das im schleierhaften Index
sich zurechtfinden muss.

5

Geheimnisvoll, verborgen ist der Kerzenschein
der im Kandelaber-Blinzeln dir
Das Glauben und Der Glaube vor die Füße wirft:
zu wissen um zu glauben!

6

Unauffällig schleicht sich die Macht
in deine Seele ein, wissen zu müssen:
dass du glaubst.

7

Im Worte ist beides wohl zu erlernen
aber sehr schlecht zu erkennen.
Bleibst du nicht dem deinen Worte treu
wortlos dir deinen Seelen-Reim
aufzublättern, um jenen Atem zu schöpfen,
der dir das Luftholen bekömmlich macht.

8

Mysteriös ist meine Hoffnung stets gewesen,
wenn geheimnisvoll das Wörtchen Gott
brach sich die Bahn. Die Lehre der Götter-
Geschichte füllt mir den Raum
das Wort Gott, menschlich zu betrachten.

9

»Dämonensagen eines Volkes«, so
schmettert der DUDEN das Wörtchen
Mythos in den Raum. Heraklit (B 88)
»Ein und dasselbe ist
Lebendiges und Totes und Wachendes
und Schlafendes und Junges und Altes;
denn dies schlägt um und ist jenes, und
jenes wiederum schlägt um ist dies!«

B 50) »Habt ihr nicht mich,
sondern den Sinn vernommen, so ist es weise im
gleichen Sinn zu sagen: EINS ist Alles!«
　　　An dieser Stelle beginnt das Wortlose
Eins zu werden mit Deinem verinnerlichten Wort.

　　　A

Dort, wo der Geleitschutz
Glaube im Hoffen zerpflückt
in Mein und Dein
wird jene Außenwelt
im schleierhaften Mühen
sich stets die Hände und den Mund verbrühen.

　　　B

Denn rätselhaft ist mir der Mythos stets
steht er befangen auf und blinzelt Dir
die Weisheit durch Das Glauben ein
da der wahre Glaube sich nur dort
die Zweiheit gebaut, wo die Macht das
stählerne Rad die Macht, dir Tag um
Tag, vors Auge hält.

　　　C

Einheit ist nur dort gegeben
wo das Licht dem Teil Dunkelheit
schenkt den Menschen jenes Leben:
Eins + Eins … bleibt immer EINS!

D

Auch das Licht atmet jene Quelle in den
Startraum hinein, in dem Du neugierig
auf das Wort des Anderen wissbegierig wartest,
seinem Atem – ›blind‹ zu folgen?
Nein … Hier, an dieser Stelle schleichen
sich die Geister ein: Wort an Wort.

E

Aufgesprungen auf den Zug: zu gehen,
formt sich der deine Atem um, den Untergrund
dort zu spüren, wo jedes Wort sich in dem Wurzelwerk
der Atemlosigkeit, den Keim zum Atmen holt:
zu r e d e n!

F

Aufgelegt beginnt der frühe Morgen all die
Lichter aufzunehmen, die die Nacht, im
Zeitgefolge, aus der dunklen Erde ›Raum‹
in die obersten Ästchen des Verstehens
›hier irgendeines Baumes‹ den Zweigen
jenes Grün gebären lässt. So steht es ebenso
mit dem unsichtbaren Gedicht … Wort bei Wort!

G

Aus der Dunkelheit, dem so gesponnenen Nichts
entstand ein Wort, und man nimmt es auf …
oder man zertritt!

H

Begegnet Deinem Ich irgendwo der Hauch
eines Atems, dann?
atme aus mit Deinem Wort … bitte sprich!

***

Mythos NEU und ALT

RS76) »Novalis ist hier auf der richtigen Spur, denn tatsächlich müht sich Fichte. dem Missverständnis vorzubeugen, es lasse sich dieses Ich wie ein Gegenstand greifen. Immer wieder betont er: Alles ist in Bewegung und lebt, wir denken es, mehr noch: wir spüren es in unserer eigenen Lebendigkeit.

Fichte würde sagen: ich bringe mich als ICH hervor, darum bin ich!«

Die Lichterkette Mythos geht beim Wörtchen Ich die seltsamsten Wege. Glaube, Religion gehen gemeinsam die unsichtbaren Wege heimlich, unauffällig wie das unsichtbare Gedicht, das ein- wie ausgeatmet das Ich an die Kette Leben legt.

Heraklit sagt (B119): »Die eigene Art ist des Menschen Dämon!«

Mit diesem Wortansatz an einen Neuen Mythos Götterglaube heranzugehen, das bedarf eines Neuen Mythos, denn Gott ist tot: So F. Nietzsche.

Wir Lebewesen dieser unsrer Mutter Erde sind gebunden an die Allheit »Denken«, im gegebenen Symbol für das, was zu fassen ist mit dem umgeformten Wörtchen Ewigkeit das Unbegreifliche eine Form zu geben, damit es anbetungswürdig wird. So gesehen ist Nietzsches »Gott ist tot!« nur eine Suche nach einem neuen jungfräulichen Mythos, das getötete Wörtchen GOTT durch ein anders Symbol zum Leben zu erwecken! Ob Iggdrasil, Odin, Buddha, Manitu und so fort, das ewig Dasselbe, das Unbegreifliche stets mit neuen Zeichen eine Möglichkeit zu geben in Hoffnung, Gottvertrauen, einen neuen Inhalt zu geben, der so alt ist, wie die Menschheit insgesamt.

Und wenn die Philosophen, Poeten der Vergangenheit in dem Zeitraum der Dt. Romantik ca. 1790–1835, eine Neue Religion ins Leben rufen wollten, dann bezeichne ich alle sie, damit auf dem Holzwege zu sein.

Aus dem Dunkel, des Waldes Unterholz – hier mit der Unkenntlichkeit ins Spiel gesetzt – ziehe ich nur über die Alten Wege, auf denen die Pferde die gefällten Baumstämme aus dem Dickicht hervorzogen, neue Wege aus dem Dilemma der Unerklärlichkeit hervorzuziehen.

Ob Hegel, Novalis, die Brüder Schlegel, Goethe usf., sie alle wollten eine neue Mythologie, für das Wörtchen Gott (dieselbe Ursache und Hintergrund) einen Neuen Namen: mehr ist das im Grunde nicht.

Selbst die Maler der Romantik Caspar David Friedrich und Runge band man ein, diesen Alten Mythos neu zu entwurzeln.

Die Alten Holzwege waren verwachsen! Büsche, Farne, Blumen, selbst neue Bäume pflasterten diese Schneise zu.

Dann gab es wieder Jene, die die Alten Wege für dumm und dreist hielten, sie wollten die Neuen Götter selbstgestaltend in neuen Bahnen aus dem Unterholz der Unerklärlichkeit hervorzaubern.

… und wieder, bis ein Neuer Philosoph in absehbarer Zukunft, sich für den Rest der Welt erdreistet, und schreibt: »Gott ist tot!«

Warum ich diese Zeilen über den Neuen Mythos mir selbst hinterlege? Um all den Menschen zu helfen, die den Alten Weg durch die Wiesen, Hecken usw. nicht aufgeben können, den Neuen Mythos, der im Grunde nichts anderes ist, als eine Neubelegung der alten unerklärbaren Unendlichkeit über Zeichen Benennungen, Gelöbnissen, Titel usw. zu folgen!

Zutiefst verwurzelt ist Glauben und Wissen verkettet worden: Ausbeutung, Unterdrückung, Machtgelüste, das Unendliche durch Chiffren, Kennwörtern etc. erkannt zu haben … auf diesem Wege das All zu vermenschlichen? Man wird es immer wieder versuchen. Das ist mein Wissen: auch das eine stille Auslegung mit dem »Nichtwissen« des Alten Sokrates mein »Wissen« zu beruhigen, den neuen Mythos dort anzusiedeln, dort, wo wir mit unserem Wunder Sprache, so Schiller, aufeinander zugehen, um über Alte und Neue Wege uns den wohlverdienten Schlaf bringen: in diesem Sinne »Wissende« zu sein! ... das im kürzesten Sprachgebrauch mein Mythos.

Benjamin Lee WHORF: Die Suche nach Wahrheit ist eine Art göttlicher Sucht wie Liebe!«

Der amerikanische Philosoph Quine (1908–2000). »Wissenschaft ist ein rein korrigierender Prozess methodisch betriebener Wahrheitssuche!«

Mit diesem Gedanken habe ich all das verinnerlicht, und bitte alle Sie, die dem einfachen Menschen überlegen zu sein glauben, mit dem Wunder Muttersprache all denen damit den Wahn zu nehmen, ihren Gott aufzugeben: man versucht Ihnen nur andere Bilder hineinzujustieren, um eingebildet gebildet zu sein? Aufeinander zugehen, neuen Mythen mit all dem Menschlichen begegnen, was uns Menschen erst ›im tiefsten Grunde‹ zu Menschen macht.

›In meinem Sinne tiefsten Herzens‹ liegt der neue Mythos schon in der I-Phon-Technik, mit Vollmond-Fratzen uns den Weg aus dem Dickicht heraus zu lotsen! Wohin? Ich weiß es ... weißt Du es auch? Dann lasst uns miteinander reden von Mensch zu Mensch!

I

Mythos ist, dem Zeichen nach
ein unsichtbares Gedicht
den Atem so zu legen, damit er wach
dein blasses Gesicht

in den Alltag senden kann.
Dort angelangt bringt die Zeit,
der Unterton, ›Dir dann und wann‹
dem Mythos, so ein neues Kleid.

So hingegen bringe ich mir leise
das Quäntchen Wissen
ein in das Geäst

Unendlichkeiten auf meine Weise
das Göttliche nicht zu missen:
So baue ich mir auf mein eignes Nest!

II

Mythos wohin?
Ein Nichtwort ist mir im Sinn
Glauben und Wissen zu vereinen
lediglich Macht etc. zu verneinen!
Gott? Das Wort für Unendlichkeit
bleibt Mythos mir für Alle Zeit.

III

Mythos ist ein stilles Sichgebaren
ohne Ziel hinauszufahren
in den Wörter-W a l d!

IV

Angekommen an der großen Planke
einer Schranke gleich.
Dahinter ist die Blütezeit
dem Sein verschworen mit Dir eins zu sein.

V

Ungetrübt lustwandle ich, im Reiz zu denken
in das Wurzelwerk der Benennung hinaus.
Schon will man mich mit Lust beschenken
zu bauen stets ein Neues Symbol für: HAUS!

VI

Heraklit gab seine Titel auf.
Man nannte ihn »Den Dunklen«!
König blieb er trotzdem in sich
das nahm er in Kauf
in seinem Seine sich zu schunkeln:
wie dort – im Wasser – der Fisch!

VII

»Das, was ist, zerstreut sich
und tritt zusammen
und geht heran und geht fort.
Fest ist nichts …«

VIII

So pendle ich mich ein
zu gehen, auch wenn ich sitze
um in seinem »Tusculum« – veraltet für Landsitz –
in den Knochenresten überlieferter
Fragmente, in meinen Hausbau:
Stein bei Stein, sein Wort zu verwalten.

IX

Götterwelten auferstehen
alle Mythen neu zu besehen.
Den Vergleich nicht zu scheuen:
Mythen bilden Welten …! So oder so!

X

Unklar sind nicht die Weltreligionen.
Unsichtbar wirft das Wort den Anker,
um am Ufer Wort zu werden.
Gelöbnis: Mitternacht!

XI

Im Zweikampf liegt sich das Wort in den Haaren,
mit dem, der eine Glatze trägt.
Er fand kein Haar, oh Graus.
Da gingen ihm die Worte aus.

XII

Sinnverwandt mit unsichtbar, so ist
der Mythos – Unsichtbares – nicht zu sehen!
Da öffnete er sein Ohr, und überwandt die List
des Anderen, er konnte sein Gedicht verstehen.

Das unsichtbare Gedicht

In den Mikrokosmos leuchtet ein
der Mensch sein Wort: Verstehen.
Metalinguistisch bildet Dir den Schein
zwischen den Zeilen selbst zu vergehen.

Die Gedankenwelt ist nicht im Wort zu beziffern
systematisch springt der Fisch
der Mücke hinterdrein, um einzuliefern
das Wort zum prall gefüllten Tisch.

Unsichtbar ist in sich gegeben
nur der Schein
die anderen Sinne zu beleben

um dem Gedicht als Gläschen Wein
– in der Flut, Gedanken – auszumachen:
so wird aus jedem Weinen: Lachen!

(…)

Dann kam das Licht.
Erkannt der Sinn, im Wort verloren.
Und durchleuchtet war das Gedicht.
So ertrank das Reine im Reich der Ohren.

Der Begriff »der philosophische Glaube«
glich der Unmittelbarkeit
die Nacht für sichtbar Taube
zu lösen … so! sprach die Zeit.

In der Dialektik versunken
zu begreifen, in der Arena zu steh'n
stellen sie die Weichen beim Kerzenschein.

Am Tage dann begann das Wort zu unken
alles im Lichte neu zu versteh'n.
Die Arena ist das Wort: ein Mensch zu sein!

(…)

Ja, die meinen Augen brennen.

Dies im Worte zu benennen:

Bin ich? Bin ich nicht?

Wort ward Alles ›ohne Augen‹

mögen sie geschlossen taugen

zu erkennen Schatten und das Licht!

(…)

A

»Atmen, du unsichtbares Gedicht …«,
so beginnt Rainer Maria Rilke
den zweiten Teil seiner Sonette an Orpheus.

? Romantik?
1789 Französische Revolution
1790 Beginn der Dt. Romantik (Literatur)

Länder, die nebeneinander liegen
sich dort mit aller Macht bekriegen? …
Romantik, sie ist angesagt?
Heraklit sagt: »Wenn die Sonne nicht scheint
dann sehen wir die Sterne der Nacht.«
Ich sehe Menschen, hatte ich gedacht!
1943 brannte meiner Väter Stadt.
»Atmen, du unsichtbares Gedicht«, manches
Mal war nicht einmal das
möglich. Der Bombenhagel stellte die
Romantik ein, irgendwo noch Mensch zu sein.

(KJ 39) »Das Eine tötet das Viele!«

»Philosophie ist ein Zwischenraum
zwischen Ursprung und Ziel!«

2. Vorlesung Jaspers 1947
»Der Begriff des philosophischen Glaubens«

Zwei Augen im Brustbereich

Mit der Brust sehen
wer wollte das verstehen?

Im Angesicht das Licht zu trinken
verschluckte ich anfangs Mensch an Mensch
in seinem Vorgang nicht anwesend zu sein.

»Das Eine tötet das Viele«
so gesehen ist der Einstand nur mit Schnauben
zu erörtern. Auf der Diele
steht der Pöbel. Sie schreien, die Tauben,

um im Stillstand der Dunkelheit zu benennen
Begriffe in Das Glauben einzubrennen.
Zwei Augen reichen, um zu sehen.
Geschlossene Augen, sie alleine sind: Verstehen!

KJ 13) »Nichts darf es geben, das nicht befragt wurde, kein Geheimnis darf gegen Forschung geschützt sein.«

»Philosophische Glaubensgehalte« Titel seiner 2. Vorlesung.
Darauf meine erste Frage, warum darf es das nicht geben?
Wenn Sokrates sagt: »Ich weiß, dass ich nichts weiß«, ist das ein Geheimnis? Für Viele ja, da sie sich über alles zu Erforschende hinwegsetzen!
Es ist im Nichtwissen zu widerlegen als Sport. Darf ich sie fragen »Warum glaubst Du?« Ist das dann von mir Anmaßung?
Kann ich sagen – der Mensch ist das Krebsgeschwür der Erde, betrachte ich die existenzbedrohende Zeitgeschichte!

> Nichts ist der Rand:
> Befrage das Nichts!
> Diese Ergebnisse: das ist die Auflösung
> hin zu glauben!

Ich bin ständig der Allwissende? Nein, dagegen wehre ich mich mit allen Mitteln.

> »Der Gedanke als solcher vollzieht im
> Mensch eine Verwandlung. Der Gedanke
> macht uns gleichsam sehend.« KJ S. 32

Karl Jaspers S. 17: »Das Sein, das uns umfängt, heißt Welt und Transzendenz. Das Sein, das wir sind, heißt Dasein, Bewusstsein überhaupt, Geist heißt Existenz.«

Meine Geschichte: LEBEN

In jungen Jahren, nach einem Klassenausflug, 13-jährig, 8. Klasse, Volksschule HH-Stellingen: Ziel Mont-Blanc-Fabrik. Dort Besichtigung.

Das nächste Thema: Aufsatz, dieser Besuch!

»Wer den besten Aufsatz schreibt, der bekommt einen Füller!«

Der Rückgabetag der Arbeiten kam. Der Klassenlehrer nahm mich beiseite und flüsterte mir ins Ohr, dass mein Aufsatz der beste sei!

Mein innerer Jubel war riesig, aber jäh am Ende! »Mein Lieber, Dein Tischnachbar, der Gerhard, sein Vater starb im Krieg, er hat den zweitbesten!« Da sollte ich doch Verständnis aufbringen, wenn er den Füller bekäme! Ich sagte ja, was blieb mir! Und im Innersten schrie ich wie ein Hund!

Alle Kameraden feierten ihn! Aber? Diese Jugendfreundschaft war beendet. Er fühlte sich von dem Tage an mir überlegen, und feierte seinen Sieg!

Ca. 2 Jahrzehnte weiter. Meine Schreiberei von Gedichten, kleinen philosophischen Betrachtungen, Aphorismen etc. habe ich mir erhalten. Und was geschah? Ich bekam einen Brief aus Italien, dass ich einen Literaturpreis erhalten habe. An dem und dem Tage sollte er übergeben werden. Ich ging! Die Vorfreude mehrerer Tage im Gepäck. Was geschah? Eine alte Dame wurde gekürt! Der Stiftungspräsident aus Italien pries mein Gedicht. Den Preis aus Italien bekam die alte Dame! Sie hatte den 2. Preis gewonnen.

Ich sollte doch Verständnis haben, ich wäre doch viel jünger, und die Kirchengemeinde, die den Preis vergab, hatte keinen zweiten Preis, also gab der ›Beauftragte-Präsident‹ der Lit.-Gesellschaft der alten Dame das Medaillon. Man ließ sie hochleben, und sie schauten alle ein wenig lächelnd auf mich herab.

Der Präsident wollte mich noch alleine (abseits) für meine Arbeit hochleben lassen. Ich schlug aus.

Als 10-Jähriger, ich wollte Förster werden, schlug der Vater das Gymnasium aus: »Volkschule reicht«, seine Worte waren. Handwerk hat goldenen Boden. Mit 14 Jahren, Lehrling im Scho.-Handwerk: Familientradition. Ruß und Asche sollten 3 Jahre Himmel und Hölle zugleich mir sein. Auf den Dächern bei Eis und Schnee, und gefährlicher Glätte, sollte das mein Leben sein? Nein!

Am Ende des 2. Lehrjahres sammelte ich eines Abends meine kleinen Zettel mit kleinen Fußball-Gedichten beginnend ein: und ich wollte nicht mehr August-Wilhelm heißen und BEUTEL sowieso nicht.

»Wenn du deine Gesellenprüfung bestanden hast, dann kannst du machen, was du willst.« Sie kam. Ich wurde Landessieger. Aber, um Bundessieger zu werden, dafür war noch kein Geld da, obwohl ja Handwerk goldenen Boden habe sollt'! Da sagte Vater, nachdem ich sagte: ich könne ja jetzt mit Gesellenprüfung machen, was ich wolle: »Nein! Zuerst die Meisterprüfung.« Da beschloss ich 17-jährig auf meiner kleinen Schreibmaschine meine gesammelten Werke fein säuberlich abzutippen. Und ich ließ sie binden: mit rotem Lederrücken und einfach Grau gehalten im Umschlag. Und dort stand nicht A.-W. Beutel, sondern »Marcus Barrell«, mein mir selbstgewähltes Pseudonym! Wobei mein erstes Buch – im Eigenverlag – noch meinen Passnamen trug und die Erinnerung an mein Kinderdorf – Flüchtlings-Ort: Dorf meiner Großeltern in Mecklenburg an der Elbe, zu erinnern.

»Ein Dorf schaut mich an!« … und ich schaute zurück …!

Ich sehe über nackte Felder.
Tiefster Herbst ist angesagt.
Und doch, ich sehe bildlich
Rapsfelder, blühend,
hell-leuchtend in den Morgen blickend.

*

Revolution oder Romantik?
Tag und Nach trennt die Einheit
dies zu erfassen: 1 + 1 = 2? Nein
EINS + EINS = EINS!

*

Zwei Jahre schwerster Krankheit (im Alter dann)
zu überwinden, das ist wie Revolution im Flüsterton.
Und die Romantik blieb im EIN-Atmen stecken.

*

Stationäre Träumereien zwischen Tod
und Leben leuchteten die Nacht des Suchens heim:
mit mir EINS zu ZWEIT zu sein.

*

Der »Romantische-Realist« ist befreit
von der Ironie im Krieg oder im Frieden
zu verweilen.

*

Romantik ist dort Realismus wo der
Realist dem Realen verfallen
beginnt zu träumen.

*

Die Kategorie erlischt, wenn du Tag und Nacht
als Einheit akzeptierst!

*

Das Ende meines Suchens
ist der Beginn jener Stille
sich vom Worte zu befrei'n!

*

Da fiel mir ein
die Bilder der Natur
›das Blatt am Baume‹
einzukräuseln, um das
ganze Wunder Sprache
wortlos zu versteh'n.

*

Die Maske Wort
mein letztes Buch
mag sein, das Sehen
gefunden zu haben?
Die Zeit ohne Wort wird
mir die Bilder wiedergeben
die ich versuchte einzukleiden:

und was geschah?
Hand und Feder ruhten aus.
In diesem Sinne fließt der Nebel ein
in meine Sinne. November
Monat meiner Geburt lichtet sich am späten Mittag
und die Abendsonne gibt mir mit, auf dem Weg der Gedan-
ken,
s i e in ein Lächeln einzublühen! Siehe da: ich fand!

Die Kategorie »Wissen/Nichtwissen« ist mir gegeben in dem Sokrates-Ausruf: »ich weiß, dass ich nichts weiß«.
Diese Kategorie wurde mir eine Diallele, ein ständiger Kreislauf, Eins durch sich selbst zu hinterlegen: von Ihm gesetzt! An dieser Stelle proportioniert er Nichtwissen in Sphären auf, die so gar nicht gegeben sind.

Dadurch bewege ich mich aber in einen Distrikt hinein wortungebunden zu sein!

***

Wissen ist und bleibt, wie Nichtwissen
auch zuerst ein Wort, ein Begriff, eine Art und Weise,
wie wir Menschen uns an Benennungen herantrauen,
die in sich selbst nur Gelöbnis sind, sich mitzuteilen!

***

Beide Begriffe wurzeln in dem Begriff: Zeichen!
Griechisch: Kyklos, der Kreis! In diesem Rund ist
die Person die Lichtgestalt, die jene Grenze uns
Menschen aufweisen möchte, wo uns, selbst
durch das Wort, Grenzen gesetzt sind.

***

2002/03: zur Pensionierung, ein neuer Anfang im
Kreise-Leben!
Weisungen aus dem All sind mir das Blinzeln
der Sterne, wenn der Himmel ›wolkenverhangen‹
dem Sehenden geschlossnen Auges WEGE weist.

»Atmen, du unsichtbares Gedicht« …
So beginnt Rilke den 2. Teil seiner Sonette an Orpheus,
dem griechischen Gott des Gesanges, und
gibt die Grundtendenz aus über die Quasisprache Musik
sich dem Phänomen »Wissen/Nichtwissen« zu nähern.
»Immerfort um das eigene Sein
sein eingetauchter Weltraum, Gegengewicht
in dem ich mich rhythmisch ereigne!« So enden
die ersten 4 Zeilen des Sonettbeginns.

*

Atmen, ist der Tag insgesamt.
Aber Atem bedingt einatmen und ausatmen
im Rhythmus der Zeit.

*

Atmen, das ist Sein, als Ganzheit, so wie
Leben sich in Realismus und Romantik
aufgliedern lässt! Also ist Romantik nach Euklid
nur 1 Teil, aber als Einheit GANZES anzusehen,
dann gliedere ich sie in Lachen und Weinen ein,
bis ich vor neuen Einheiten stehen bleibe, da
Wissen/Nichtwissen als Kategorie ich längst gelöscht.

*

Selbst Weinen und Lachen schließt in Grenzbereichen noch die
Romantik ein: als Teil! Diesen Moment lebe ich dann aus, um
meine Tränen in ein Tuch tropfen zu lassen, damit ich an schlech-
ten Tagen dieses Tuch: Sehnsucht, Liebe, Freude etc. als Traum,
als das »unsichtbare Gedicht« fließen lassen kann.

Epigramme = Sinngedichte – bruchstückhaft, unvollkom-
men …
Das Fragment, Knochenbruchstück, so der Mediziner.

***

Hexameter und Parameter
mit der Hingabe Verseinheit
bestehen zu lassen?

*

Sinn und Spott liegen so dicht beieinander
dass sie beide Einheit könnten sein –
… wenn man will.

*

Den Sinn alleine möchte ich mir erhalten,
sonst mögen alle anderen Kräfte walten,

*

sämtliche Kategorien auflösen. Da jede
Vernunft abhandengekommen, zum Vehikel wird.

*

Der Wortlaut sich dem Spott entgegenzusetzen?
Den Hohn dafür nicht auszusetzen, er war gegeben,

*

dem Spott noch Sinn zu verleih'n?
Ich? Nein! Es blieben Sinngedichte

*

mit und ohne Reim. Klausel eines Fragens im Sein?
Ich = Ich, so Fichte, angenähert im Schein: Sein!

»Gesagt ist getan!«
spricht man so im Salär
in Gemeinschaften daher
und was begann?

Der Atem selbst fädelte ein,
das Gesagte selbst zu befrei'n.

Da ging das Gesagte verloren
in jenem unendlichen Raum
die Rede für maßvolle Ohren
das Dasein zu erreichen, kaum

war es da formte man mir ein Wort.
Und fort war im Lichte fort der Blätter Ort.

***

»Sag mir bitte wortlos Deinen Namen.«
»Das kann ich nicht« sprach sie,
und lächelte wie der Sonne Rahmen
in den Tag hinein: so wie
das schönste Wort, das sie je gegeben.
Da begriff ich wortlos aller Wörter: LEBEN!

»Zeit«-Zitat der Woche 26.10.2018
Ingeborg Bachmann geb. 1926–1973
Österreichische Schriftstellerin.

»Die Geschichte lehrt dauernd,
aber Sie findet keine Schüler.«

*

Die Geschichte ist nur Rückblick: Vieles!
Der Schüler ist immer Einzelnes.
Viele fragen nicht. Einzelnes ist uns dort
Geschichte, wo das Wort Vergangenheit: Gemacht?

In der Vielheit der Vergangenheit ist Gut und Böse
Sammelpunkt für Erzähler: allemal!

Gewesensein ist wahr allein im: War gewesen!
Geschichten … so entstand Geschichte!

In der Dominanz der Tragik, gewesen zu sein,
im Kampf zu überleben, dort bohrte sich der Keil
Geschichte, als Kriegskind ein, Geschichte
gewesen zu sein!

Geschichte ist nichts für Schüler, da sie selbst
erst einmal Geschichte schreiben müssen!
Im Rückblick formt dann jeder so sein Spiegelbild!

Wörter bilden in sich Kreise: Spiegelbilder
Sammelpunkte für Wahrsager! Aufgestanden
blickt ein Feuer in den Raum:
Geschichte …!

Das Gesicht der Zeit ist eine einzige Maske: durch
das Wort. Lichtest Du diese Maske, was dann?
Eine neue Maske, dein fragendes Gesicht.
»Was ist demnach Geschichte?« Eine Maske
gibt Antwort: mehr nicht.

Das Einzelne, das Wort an sich, ist die Verkörperung
des Jenseits mit dem Diesseits. Und dann wird
im Diesseits die Neue Maske Geschichte: aufgelegt:
sich selbst zu betrachten!

Kreisgebunden, ohne Anfang ohne Ende:
Die Geschichte! Und doch, mit einer Maske bewaffnet
steigst Du ein, um selbst Geschichte der
Geschichte zu sein.

Ich gehe! Das ist Geschichte.
Ich stehe still! Auch das muss Geschichte sein!

Ich bin gegangen
von der Geschichte eingefangen
Mensch zu sein.
Noch Zweifel ?

Manches M a l : Ja!

***

Jaspers S. 28/ »Halt im Philosophieren heißt Sich-Besinnen, Atem zu schöpfen in der Vergegenwärtigung des Umgreifenden, sich gewinnen im sich-beschenkt werden. Der philosophische Glaube sieht sich preisgegeben, ungesichert, ungeboren.«

***

Mein unsichtbarer Kinderatem flog abends an der Fensterscheibe im Schlafzimmer auf und ab. Krieg, die Kälte füllte an den Raum das Bett. Und ich hauchte meinen sichtbaren Atem an die Glitzerwelt des Glases der Eiskristalle und fand den Blick ins Außen: Bomben tönten ein das runde geschmolzene Loch.

Und schon zog ein unsichtbarer Atem
das Guckloch wieder mit Kristallen zu!
Ich habe meinen Atem gesehen, der fröstelnde
Hauch, mit dem Bitten, vereint von Granaten
und Splitterbomben verschont zu bleiben.

Diesen Atem sehe ich oftmals im Traum auferstehen.
Sichtbar wie das Schnauben des Stieres in der Arena …

Morgens dann den frischen Atem schöpfen:
unsichtbar wie Seele, flüsternd im Worte
eins zu sein. B 113 – »Gemeinsam ist allen
das Denken.« … Und dort wird der Wortschatz
in alle Richtungen aufgelöst.

Manches Wort hielt ich im Raume fern vom Wissenden und Glauben, dort, wo die Macht sich selbst zur Wahrheit kürt!!

*

Epigramme schnüren meinen Atem ein
bruchstückhaft gleichend dem Fragment.
Der Romantiker wirft den ersten Stein.
Die Scheibe bricht: die Farbe gleicht dem Licht.

*

Sinn und Spott sind eins: das Leben!
Aus- wie eingeatmet sprüht das Wort
in alle Räumlichkeiten. Öffnet sich.
Was kam heraus? Der Spott war Sinn
dem Sinn. Ihn erkannte man nicht.

Ungereimt blieb er liegen, als
unsichtbarer Atem. Auch das ergibt mir
einen Sinn.

*

Stilles Atmen ist ein Sichbeschenken.
Allmacht Wort beginne Du deinen Dunstkreis
in die Nacht hinauszuwinken.

***

Das Nummernkonto in der Schweiz
blieb unberührt. Die Nase roch den Braten
und schlief ein, im eigenen Unterton
gefangen zu sein.

Der deine Atem, Alltagswesen
baut sich ein Luftschloss groß
und größer, und in dem Keuchen
atmen seine Lippen ein, das
was unverkäuflich dir die Augen trennt
das unsichtbare Gesicht von dir
im Eigenlicht erweckt, schwebt ungeöffnet,
wie ein blinder Vogel in die Nacht hinaus.

*

Traumverloren
blinzeln Diademe
sich dem Hunger entgegen.
Mit den Zähnen zerschneiden?
Wort für Wort zerkleinert, um
dir ein Gesicht zu verleihen.

*

Du willst verschnaufen?
Und doch dringt dieser liederliche Atem
nicht in die Welt hinaus.
Ich atme aus. Die Feder blieb im
Abendschein in der Schatulle liegen
sie, die aufbereitet war
den Atem selbst im Sommerlicht zu spiegeln.

*

Ich traf sie Alle: religionsbesessen.
Menschen? Nein. Es müssten demnach
andere Wesen gewesen sein.
Das Wurzelwerk blieb heute: begüllt!

*

In den Lichtschneisen der Überdüngung, Teil
zu werden, eine handbreit Hoffen
einzuleiten in den Bogen, jenen Pfeil
ins Universum zu schleudern, um getroffen

Das Zeitenpaar der Umgestaltung, Gülle
dem Wurzelwerk der unsichtbaren Fülle
nicht zur totalen Geißelung dem Leben
noch jenen Lichtblick einzuweben.

Das Gestühl am Rande der Arena
dort, wo in blinden Wortgefechten
blutdurstig Menschen mit Menschen kläffen.

Ich war da, in Berlin oder Jena
zu finden gilt aufzuscheuchen den Echten,
der's wahre Wort der Gülle entzieht: zu treffen.

KJ 20/ »Das Umgreifende, das ich bin, ist in jeder Gestalt eine Polarität von Subjekt und Objekt. Ich bin als Dasein: Inwelt und Umwelt, als Bewusstsein überhaupt. Bewusstsein und Gegenstand, als Geist: die Idee in mir aus den Fugen entgegenkommende Objekte Idee. Als Existenz: Existenz und Transzendenz!«

*

Moderner Atem ist im Grunde
ein Lustgeschrei der unsichtbaren Zeilen
die im Kreise sich den Äther bilden. Die Stunde
ist schon lange gegeben, zu verweilen

dem Dolchstoß, den wir gemeinsam hegen
zu entrinnen, aufrecht auf allen vieren.
Das Tageswerk mag dem Luftschloss gelegen

Geburten in die Hand zu nehmen,
um den »unsichtbaren Atem« Wort werden
zu lassen … Das Dasein

ist, ob Sein oder Zeit, mag sich schämen
den Hinterhalt der gierigen lüsternen Herden
zu erkennen im Schein, gebrochen: klein …
  Jägerlatein!

Atmen. Licht trinken.

Ausatmen: das Wort gestalten.
Auch wenn zum Schein
Du Dein Selbst gebären musst.

*

Luftschloss in Reihensymbolik
das aufzunehmen, was im Anschlag
die Glocken ertönen lässt:
Wort zu sein.

*

Er gab die Annonce auf.
Wort an Wort, Luftschlössern gleich
zog sich der Reim durch die Seligkeit
das unsichtbare Gedicht mit
dem Restblock – Sinne – aufzunehmen.

*

Entlarvt war die Maske
Teil der Natur:
Menschen nur!

*

Geradebrecht durchflog der Luftzug
Atemholen, berauscht die Frühlingssonne ein.
Außerhalb aller Wort-Symmetrie
wollte sie nur geben ein Stelldichein: ich schwieg.
Es war der Atem, nicht das Wort, das, was mich störte.

Ungereimtheiten sind an der Tagesordnung.
Reihenweise schlüpft der Atem durch das Gittersieb der Andacht: unsichtbar zu sein!

***

1

Mein Atem ist der Hauch
einer Lust Unsichtbares
sichtbar zu machen. Wie?
… indem ich rieche, fühle …!

2

Aus dem Stübchen heraus
in den Abend hinein
strömt der Atem aus den Ton
und baut erneut ein Epigramm
ein Sinngedicht:
… und ich davor!

3

Das unvollendete Werk ist der transzendente Faun
der das Fragment zu deuten wagt.
Ich frage nach? Aber Heraklit der doch
vor 2 500 Jahren gelebt: …
jede Antwort wurde mir erneut zur Frage.

4

Rilke lebte ½ Jahr in diesem Dorf am Hange
des Engadins, kurz vor der italienischen Grenze!
Und doch, wenn ich dort die vielen Maronenbäume
seh, dann wird jede Esskastanie ein Augenmerk
die Hände in das Licht zu erheben.

5

Ich war dort, in diesem Dorf am Hange
des Engadins, kurz vor der italienischen Grenze!
Dieses Fleckchen Erde macht jeden Atem unsichtbar.
Er fließt dahin, unhörbar, ungesehen
einfach ein Fleckchen Sonne am Horizont:
auch im Regen! In der Hand wurde das Wort
dann sichtbar. Ich trete in den Abend ein
in dieser Pracht, wortlos zu sein.

6

Und in den Ruinen, die wir Wörter nennen
sollten wir schleunigst erkennen …
Hegel schrieb: »Wir müssten eine neue Mythologie
haben, die Mythologie aber muss im Dienste
der Ideen stehen. Sie muss eine Mythologie
der Vernunft werden!« (S. 153)

7

Gabst Du jemals jedem Blatt am Baume
einen Namen? »Ja!«
Dann müsstest Du noch heute und auch morgen
im Zählen gefangen sein!

Jeder Atemzug ein Blatt
Ich atme ein. Ich atme aus.
Und doch im Worte EINS im Haus.
Ob ich Mensch bin oder Blatt? Sag Du es mir …!

***

Atmen, Du Lustgesang
dem Himmel Wort zu geben!
Im Gedicht wird sichtbar bang
allemal das Häufchen Elend: Leben:

wenn Du nicht den Kern
dem Atem jenen Duft zu offenbaren
das Augenpaar, dem Worte fern
ins Unsichtbare einzufahren.

Dann gerät der Wörter Hasten
eingerahmt in Blüten und Gestirn
jenes unsichtbare Gedicht

in all Dein heilig Fasten
zu befreien Wort und Stirn.
Und von Dir dann, des Atems Gesicht.

Und ich ging die Straße zu leben.
Was sah ich am Rande der Zeit?
Ein atmendes Rüsten-Beben.
Es war wieder einmal so weit.

Haus und Häuschen waren getrennt.
Eine Krone ward goldiger
als der Sonne Horizont. Es rennt
die Zeit dem Sein die Türen ein, wie der Tiger

der seine Beute, belauert:
in der Hocke, sprungbereit!
Um den Zeitpunkt zu gestalten

Weltherrschaft auszurufen. Er bedauert
den Anderen, der im Bombenhagel schreit.
Er will allein die Menschheit im Frieden verwalten.

***

Wie oft sah, spürte ich den unsichtbaren Atem
kreisen. Alle Sinne polarisiert …
Die Einen randalieren, die Anderen beten!
Wo ist der Allheit Unterschied EINS zu sein?

***

B

Empfänger

Die letzten zwei Zeilen: Sonett V

»Aber wann, in welchem aller Leben
sind wir endlich offen und Empfänger.«
In allem Geben
war ich stets der Sänger

»im stillen Blütenstern gespannter
Muskeln des unendlichen Empfanges ...«
das Atmen einzustellen, gesamter
Empfanggelüste, am Rande eines Hanges

der gegeben, durch das Tal.
Geschmeide anzusammeln auf Geheiß,
um zu überleben: Sein und Zeit?

Da erkannte ich den Marterpfahl.
Ich öffnete den Diallelen-KREIS
weitete das Tor: von aller Zahl befreit.

2. Vorlesung Karl Jaspers 1947

»Der philosophische Glaube« sein Buch.

Über dieses Buch: 1. Seite. Einleitung.

Karl Jaspers rechtfertigt in dieser Schrift, die aus Vorlesungen des Jahres 1947 entstanden ist, die Philosophie als grundlegende Wissenschaft vom Verhalten des Menschen in der Welt.

KJ 27/ 2. Vorlesung: ›Philosophische Glaubensgehalte‹

»In der Tat beruft sich Philosophie auf keine Offenbarung und keine Autorität … Philosophische Gedanken sind von jedem Menschen in Ansätzen vollzogen, am reinsten manches Mal in Kindern.«

(RV) »Aber wann, in welchem aller Leben … sind wir endlich offen und Empfänger?«(Rilke V. Sonett)

Nach Jaspers demgemäß: als Kind! Und je älter wir werden entwickeln sich Skepsis, Erlebtes als wahr anzunehmen! Als Kind stolperte ich in den II. Weltkrieg hinein! Sollte das wahrhaftig der Mensch an sich sein? Ja! er war's, und ist es bis HEUTE!

Man beruft sich doch auf Autoritäten. Man wird darauf erzogen, gedrillt usw.!

Wenn ich einatme, bin ich in dem Moment nicht Empfänger? Genieße ich im Frühling den Aufmarsch des Blühens und Gedeihens, bin ich Empfänger! So sehe ich auch den Atem, das unsichtbare Gedicht in aller Entschlossenheit, Leben zu verstehen, als Empfänger.

Als »Romantischer-Realist« heben sich alle Begriffe des philosophischen Glaubens auf: sie werden mir romantischer Tatbestand. Das Wort erst macht sie dann realistisch!

»Keine Offenbarung und keine Autorität«, das ist im Grunde tiefste Autorität in sich!

In den kleinen Übergängen mit meinen »kindlichen Ansichten« liegen hier schon alle persönlichen Glaubensgehalte kindlich auf dem Tisch. Nur heute, erwachsen, alt geworden an Jahren und Begebenheiten in jener Arena Sloterdijks, wo sich der Poet und der Philosoph treffen, gelandet, werde ich wieder Kind! Nicht der Reinheit wegen, sondern einfach wegen der Unbefangenheit, von Wort zu Wort zu eilen!

B/V.
»Aber wann, in welchem aller Leben sind wir offen und Emp-
fänger?«

*

»Aber wann in welchem aller Leben …?«
Ist diese Frage nach dem Tod gestellt?
Im Raume der Transzendenz?
dann habe ich doch wohl den Moment verpasst zu leben!

*

Diese Frage mit dem Wort gestellt
ist fern der Welt gefällt
die Hände zu öffnen, um zu sehen.
Den Mund zu öffnen
diesen unsichtbaren Atem
auf den Lippen – eingeatmet –
zu spüren.

*

In meiner nach allen Seiten offenen Parallele
gibt es diese Frage – so gestellt – einfach nicht.
Da die Diallele – so gefragt – sich selbst die
Antwort gibt: gefangen im Kreisverkehr!

*

Dann suche ich mir selbst die Öffnung aus,
auszuscheren in die Gasse, die diese Frage stellt:
»Wann bin ich endlich offen und Empfänger?«
Wenn ich meinen Atem, beim Ein- und Aus-Geben

des Unsichtbaren, im Wort gefangen nehmen will,
dann bin ich nicht frei, aber grenzenlos!

Auf den Spuren der Digitalisierung
springt Dir jeder Augenblick –
der vorgefertigte Kreis – ins Genick
und Dein Schrei bleibt aus,
da ja die Einfachheit – nicht zu denken –
Denken vereinfacht – Bedacht – zu sein!

*

Manche Dächer stürzen ein.
Dann stellt man so seine Frage
»in welchem Aller Leben, sind wir
endlich offen und Empfänger«
Ich antworte Dir: »Schalte ein Dein I-Phon
es weist Dir Deinen Himmel ein
und Dein Leben – obendrein.

*

Ich möchte zuerst Geber sein
der allerwertesten Leben insgesamt.
Eingeatmet das Blätterrauschen
in den Bäumen – im Sommer –!
Im Winter, dann öffnet sich mein Denkmobil
das kleine Eckchen HIRN, runzelt die Stirn
als das Eine Leben mir zu sein – Blatt an Blatt
und die Blüten obendrein!

*

Manche Menschen vergessen beim ATMEN, dass
das eigentliche Lüftchen schon das riesige Wunder
in sich schließt. Unbekannt ist oft unbenannt, da zu nah
das Wort abdriftet – Dir – mehr als Zeichen zu sein.

KJ 35/ »Alle Gegenstände sind nur Erscheinungen, kein erkanntes Sein ist das Sein an sich und im Ganzen. Die Erscheinungshaftigkeit des Daseins ist eine Grundeinsicht philosophischen Denkens.«

KJ 39/ »Das Eine tötet das Viele …« »Philosophie ist ein Zwischensein zwischen Ursprung und Ziel.«

Das Eine ist wortlos. Das Viele ist das Wort. Mittendrin dazwischen: wortlos, ich! Ursprung = Geburt: Ziel des Lebens? Dann würge ich ›das Leben selbst‹ zum Wort herab.

Also? ist Philosophie der Moment vom Einatmen zum Ausatmen? Das Dazwischen ist doch lediglich das Luftanhalten irgendwelcher Sprachlosigkeiten, der Moment, wo ich geschlossenen Auges SEHEN kann.

»Atmen, du unsichtbares Gedicht«
Ich atme ein und beginne zu leben.
Ich atme aus. Das Beginnen wird mir
runderneuert, der Atem selbst ist:
so die Romantik ein kurioses Selbst!

Mir wurde sichtbar dieses Unsichtbare.
Ich fand den Weg hinein ins Labyrinth
der Wortnuancen. Am Ende lag der Kreis
geöffnet, als der ATEM – Selbst – mir in
den Händen. Rilkes Lichterlebnis SOGLIO
am Rande des Engadins blieb eingeatmet
als der Lungenbläschen ›EIN + EIN = EINS‹

Da lag sein Unsichtbares mir vor Aug
und vor den Füßen, es war der Erde wundersamste Saum. Maronen, wie das Einatmen von
Lichtdioden. Bäume wie der Atem selbst, der

Erde Saum, beglücken meine Blicke in das
große Rund der sichtbaren Unsichtbaren:
›Anzeichen, Reime, Sonette‹ ein Distrikt
um dem Atem eine Lichtgeburt zu verleih'n.

Ich atme ein, und meine Füße
tragen meinen Atem, hinauf
ins Lichtareal der ausgeatmeten
unsichtbaren Gedichte
nenne sie Sonette oder Fingerabdruck:
Epigramm oder nur Fragment.

Zusammengeformt ist das Licht
stets Teil der Dunkelheit
in der Du sehen lernen musst.

Atme ein das Unsichtbare
und gestalte dieses Wunder Leben
hinaus in alle Welt, die Dich umfasst.

Und im Verstehen, öffnet sich das Sehen
in diesem EIN und AUS
den Rhythmus Leben zu verstehen:
unsichtbar ist das Gedicht nur dann
wenn Du Dir selbst das Herz verschließt.

Das Augenöffnen, sei Dir das Atemholen.
Im Ausatmen bindet Dich der Zyklus ein
in den Genuss, Wörter in Bilder umzuwandeln
Herzensbilder, seine Sonette an Orpheus
vertonen Dir den Sinn der Unsichtbarkeit.

Jetzt wird's Zeit, wieder Atem aufzunehmen
damit noch lange Dir das Antlitz bleibt
das Unsichtbare gesehen zu haben
So wie ich, als ich den Boden SOGLIO betrat!

Atmen
dort, wo die Einheit Licht geboren
an der Vielheit zerbricht
sich selbst übersehen zu haben?

Dort ist das Alter bereit mit seinen Gaben
vom Mauerblümchen zu berichten,
von jener Bö, die jenseits aller Diagramme:
   …»Wir sind selber Natur
   und die Natur wirkt in uns.«
So sprach es aus der alte Philosoph!

*

Den Trugschluss ins All zu leiten
nur
um den Lärm der Stille bei Zeiten
umzugebären in menschliche Lust?
… ist dies das Wort? … sag an!

** *

Romantik ist ein Teilbetrag
vom Lachen und vom Weinen:
Plagiat – ein Kreis! Somit ich frag
wie will ich Romantik darin vereinen?
Das Wort gegeben erfüllt das Lachen mit Reimen
jenen Kreis: Das Leben. Hier öffnet sich das Rund
um zu vereinen: Das Licht mit der Dunkelheit
zur Einheit: T a g !

Die Romantik? 1789 Franz. Revolution.
In Deutschland – dort – beginnt
1790 Die Romantik zwischen zwei Herzschlägen:
ich atme ein – ich atme aus:
sollte das der unsichtbare Atem sein?

*

»Da wir das Ganze nicht umfassen können
und das Ferne uns zerstreut« – so
antwortet Goethe – »so bilde der Einzelne
sich zu etwas Ganzem aus.«
»Höchstes Glück der Erdenkinder
sei mir die Persönlichkeit« (West-östlicher Divan.«

*

Für Rilke war der Atem
das geheimnis-umwitterte Gedicht.
Für mich ist das Angesicht
des Anderen das vollendete
Epigramm, Wörter, wortlos an die Wand gemalt.

*

Dem Höhlengleichnis, Offenbarung, gleicht
dort, wo sich die Stimulans, den
(med. anregendes Mittel)
Atem und Gesichtsausdruck
zusammenlegt aus tiefstem Herzen (ruck-zuck)
beides mit Wörtern zu belegen … Das Gespräch!

So funktioniert, ›gesprochen‹ die kahle Wand –
die Grube an die Wand gemalt, im Pochen
der guten Stube Hort – mein Sinngedicht –
das Epigramm, zwei Zeilen nur vor O r t :
Atem und Gesicht als Gespann das große Geheimnis:
Mutter-Sprache … W o r t !

*

In der Verästelung
die Blüte am Baum alleine zu zelebrieren
vergisst Du das Wunderwerk der Wurzel,
das die Knospen nährt.
Hier in tiefster Erde eingeboren
ist die Romantik ebenso anzutreffen.
Folge dem Strome ›Werde‹
bis ins Blütengrün hinaus!

*

Die Früchte sie, dann abgeworfen
sind nur das Endprodukt des Sehens:
Romantik zu verstehen.
Hier öffnet sich der Kreis: Du erkennst
Anfang und Ende! Das sei der Beweis
Das Plagiat – Romantik – im Ganzen zu verstehen!

*

Hier öffnet sich der Kreis. Du erkennst
Anfang und Ende! Das sei Dein Beweis
Das Plagiat Romantik – im Ganzen geöffnet
zu haben … zu erkennen, wie Schillers
»Wunder Sprache« ist zu verstehen!
… Das geöffnete Bild in Deiner Hand …!

***

Der unsichtbare Empfänger
ist Dein Selbst, du atmest ein.
Und in dem Sinnen die Aufnahme zu beginnen
ist der Empfänger – wortbefohlen –
schon im Wort in sich verloren.
Unsichtbar – benannt – ist: das Gedicht erkannt!

*

SF83/ »Wenn ihr die Gedanken nicht zu äußeren Dingen machen könnt, so macht die äußeren Dinge zu Gedanken.«

Das äußere Ding ist und bleibt: Das Wort. Da die äußeren Gedanken schon gekoppelt sind mit (jedem Wort): sie blieben alle in den Gedanken hängen und enden dort.

Um hier Empfänger oder Sender zu sein, da müsste ich das Wort an sich verlassen. Im diesseitigen Leben, anders kann ich diese Bitte nicht nachvollziehen, mir sind die Hände gebunden, die verschiedenen Leben auseinanderzuhalten.

Zum offenen Empfänger werde ich in dem Leben, wo ich mich ständig offen und ehrlich freistelle, Rede und Antwort zu geben.

Dieses Wechselspiel ist mir in jeder Position ›menschlich‹ gegeben: mein Wort auszuleben im Gespräch! An der Stelle wird jeder Empfänger und Sender zugleich. Dann werden die äußeren Dinge stets den Empfänger erreichen … wenn Er zuhören will! Oder: ob Er's kann!?

Gedanken werden am Rande der Lippen-Paar zum Wort. Dieses dann umzuformen, das macht den Empfänger zum Sender. Sonst könnte er den Teilsinn seines unsichtbaren Atems nicht sicht-bar machen. Dieses Gedicht ist im Grunde wortlos, aber in anderem Sinne Empfänger. Dieses, des Empfängers Leben, ist die Stimulanz, die Hände zu öffnen, um zu fühlen, die Nase zu öffnen, um zu riechen, die Ohren, um zu horchen, um zu hören, und schon wird das unsichtbare Gedicht dem Empfänger zugesandt: erkannt! Das Wort aber bleibt in BEIDEN Sinnen das Zeichen Wort. Sender und Empfänger müssen sich die Hände geben, um die Dinge der Gedanken über das Wort hinaus: auszuhebeln.

Das Leben selbst als Einzelerleben auszuhebeln
ist das groteske Sender-Empfänger-Syndrom
das ich mir vorgaukeln kann.
»… in welchem aller Leben …?«
Wenn nicht dieses, welches denn sonst?

**

Ich öffne das Wort und werde zum Sender, da
jedes Wort die Ewigkeit des Selbst in sich gebärt.

**

Jede gestellte Frage beinhaltet, so meine ich,
schon eine Antwort, sonst könnte ich sie nicht stellen.

**

Die Aufnahme einer Sendung, nehme ich sie entgegen, eröffnet
mir das eigene Leben: das EINE.

**

Empfänglichkeit ist der Aderlass
Leben verstehen zu wollen. Darum diese
Frage »nach welchem Leben.« Die
Grundtendenz der Fragemöglichkeit
sich zu stellen wird zum »Atmen« dort
zum menschlichen Gedicht …

**

Durch die Mutter empfange ich, nach
neunmonatiger Atemlosigkeit, eins
dieser »Aller Leben«: wortlos noch!
Dann versucht man mich zum Empfänger zu machen:
ich atme aus, ich atme ein.
»Aber wann, in welchem aller Leben sind
wir endlich offen und Empfänger?«

**

Der erste Empfang, der Mutter Brust, zu stillen
den Keim, geboren zu sein. Er blieb mir unerklärlich.
Und doch – ich trank: als Empfänger.

**

Der Tag kam. Ich sprach die ersten Wörter aus.
Leben war sicherlich noch nicht dabei.
Ich schlief die Nacht zum Tage, um die Stunden
Sekunden – Leben – blind aufzusuchen.

**

Zuerst war der Gedankengang noch lebensfremd.
Als Kriegskind 1937 geboren fühlte ich mich
als Empfänger Sirenen, Trompeten als eins
der ersten Leben zu bestaunen.

**

Menschen töten Menschen, obwohl das Gebot
sagt: »Du sollst nicht töten!«

**

An der Stelle empfing ich die tiefste Grausamkeit:
als Mensch, Empfänger zu sein!

Wenn ich groß bin, werde auch ich zum Sender
von Raketen, Bomben, Feuersbrünsten, Raub und Mord?
Ich kam um die Möglichkeit herum …
Berufliche Schul- und Lehrzeit mit vorgegaukelten
Bildungssätzen schloss ich mich zum Sender auf,
nicht zum Töten ausgebildet zu werden.

*

Kriegsdienstverweigerer wurde ich in dem Falle
nicht … Das Recht sich selbst zum Empfänger zu machen,
Meisterkurse – anzugehen, um die Lehre – im Guten
(sprich Krieg) zu töten nicht in Anspruch zu nehmen.

*

Die Empfänglichkeit dem Licht zu trotzen, gebar
die Dunkelheit in sich: auch ich nur ein Mensch:
ein Empfänger zu sein.

*

Ich empfange aus der Sphäre meinen Wink
zu atmen. Frage ich woher? Nein! mein Augen-
merk ist auf den Sinn gerichtet Atmen zu verstehen.
Ich frage. Na gut. Ich frage in den Baum hinein.
Als Antwort kommt der Schlüssel, es ist der Kern die
Allheit nach Euklid, als EINS zu verstehen.
   Da sah ich das welkende Blatt im Astgewand
des Baumes. Ich lächelte zurück! Da bot ich mir
diese kleine Weisheit an das Unendliche nie
in einem Wort erfassen zu wollen.
Lee Whorf sagt: »Ein Zeichen kann nur dann

sinnvoll gebraucht werden, wenn es systematisch
geordnete Beziehungen zu anderen Zeichen hat!«
Jetzt lächelten scheinbar alle Blätter im Baum. In
dem Moment hatte ich das Gefühl das Suchen beendet zu
haben.

Empfänger

Auf der Spur das Licht im Tagebuch
zu erfassen, begann die Hand zu atmen.
Sie betrat Wege unerkannter Welten
Jenseits als Diesseits zu benennen.

Ich empfange aus bruchstückhaften Atemzügen
Themen, die ich als Empfänger in Bruchstücken
von Raum und Zeit in die Feder lege
um ein wenig, in diesem Knoten-Wort –

die Erinnerung zu erhellen, die mir die Seele gab:
aus dem Atem heraus das Spiegelbild
zu öffnen, als Sphäre einer Dankbarkeit.

Hier zu sitzen, Krankheitsmonde vorbei sich wanden
wie das ›Atemlose Gedicht‹, mich im Atem
selbst befreit: Empfänger im Wort zu sein!

***

Ich gehe reimlos eine steile Treppe aufwärts
lichte das Signal – Fragment oder Epigramm –
zu sein, und falle ein, vom Schlaf ernüchtert,
vom Spiegel herunter zu laden, dieses
Abbild: Wort an Wort!

(V) »… Aber wann, in welchem aller Leben
sind wir endlich offen und Empfänger?«

*

Empfang ist bei mir allein das Händeöffnen
um von der Mutter Brust zu empfangen: Damals!
Nicht endlich, unendlich offen bin ich
schaue ich mir jedes Blatt vom Baum herab, ein

in meine Feder: nicht einmal berührt.
So trinke ich das eine Säuseln meines Wörtchen-
Gebers – Baum – tiefst in meine Seele ein
den Zwang – ständig – Empfänger zu sein

zu verhindern. Da merkte ich, Er, der empfängt
muss zuerst Geber sein. So stellt sich
Leben auf Leben ein, um als Geber – selbst –

auch Empfänger zu sein: wie das Atmen selbst.
Ich atme ein, ich gehe. Ich atme aus: ich empfing.
Da bemerkte ich das Lächeln im Baum: Empfänger
im Selbst zu sein.

Und ich sah Fichtes. Ich = Ich ganz nah bei mir …!

Erkannt ist das Erkennen
nur der eine Schritt
dies Empfinden zu benennen
und schon bin ich zu dritt.

Er und ich, ein Weg im tiefsten Sinne
nur Gedankenwahl.
Im Netz des Lebens bin ich selbst die Spinne
die den Wörter-Knoten löst. Am Pfahl

der Allheit Wörtern einen Sinn zu geben
sollten wir verstehen, im Worte
liegt schon das Dilemma begraben

auf einer Ringspur eingeschleust zu gehen.
Und der Gedanke ist die wundersame Torte:
Ein Rezept! Den Rest fressen die Raben!

***

Es gibt Rezepte, die vorgeschrieben!
Inhalt jene Zahl bei Zahl.
Du bist Empfänger, einer dieser Lieben
denen blieb keine andere Wahl.

Denn Du, der die Zutaten gliederte
um Deine Torte zu erstellen.
Zucker reduziert. Das gefiederte
eigene Gebäck, um selbst sich zu erhellen.

Relativitätstheorie, sie
die in Zahlen und Zeichen
das mächtige Reich der Manie
betiteln soll muss dem Worte weichen.

»Relativ, das vernufts-verhältnis-mäßíg
vergleichsweise bedingt«, so der Duden.
So träne ich verhältnismäßig
Häuser ein und Buden.

Das All im Namen Euklids
wird ›endlich‹ durch das Wort. Einstein
legt das Licht in den Schatten

und bindet die Zeit ein, man sieht
aus der Einheit wurd ein Sein
für der Menschheits-Füße: Matten.

Nur vom Wort her falle ich ein.
Nicht zu widerlegen die Wissenschaft.
Sie, die unendliche Dinge ganz fein
in die Regeln rafft.

Um zu widerlegen selbst das Sein?
Heidegger nahm sich die Zeit hinzu, und rafft
die Dinge in das große Glas. Mein
Wort stand an der Reling und gafft

ungeduldig in den Ort
hinaus, geschweige den Gedanken zu verlieren
alles über Bord

zu werfen? Nein! Dort
setzt die Synthese ein zu vibrieren.
Und schon ward selbst das Zeichen: Wort!

Entgegennehmen, in EINEM
unseren Leben erfülle ich mir selbst
das Beben, dem Atem Einsicht zu gewähren.

*

Auf dem Treppenabsatz
erlebe ich die Empfangsbestätigung
Leben empfangen zu haben.

*

Von den Eltern empfangen. Wann?
mit dem Licht der Jahre
graumeliert die Haare
stülpst Du über den Garant.
Die Hand, sie geöffnet zu halten.

*

In der Gegenbewegung, ausgeatmet
schreit das Volk den Deinen
unsichtbaren Atem nieder.
Ungeboren strömt der Atem ein
irgendwo nur Empfänger zu sein.

*

Ich sehe ein Wort.
Und am Ende, wieder ein Wort.
Da ließ ich die Benennung All bestehen
um nicht im Übermaß der Versklavung
den Schatten als Licht muss gestehen:
Welt, Dasein zu sein …!

Ich empfinde die Kühle
des Geschehens.
Austausch ist die Schwüle
des Verstehens.

Einen Toast auszurufen
auf die Allheit der Formeln: weltweit?
Schon wetzen sie die blanken Kufen.
Selbst ich bin bereit

einzusteigen in den Zug
die Allheit zu beweisen.
Die Unendlichkeit in Zeichen zu belegen?

Das macht die Wissenschaft so klug
jenes Symbol zu vereisen
um die Allheit ins Wort hineinzubewegen!

Unendlichkeit
wie nah ist mir heute Dein Atem.
Deine Unerschrockenheit
im Worte zu besehn.

Ließest selbst die Götter entgleisen
um zu formen uns
zu seinem Ebenbild.

**

»Ich weiß, dass ich nichts weiß«
und darum weiß ich mehr, all alle sie,
die von sich behaupten Alles zu wissen!

**

So mache ich diesen Spagat
einem Looping ähnlich anzusehen
um den Verrat
der Allheit dort zu verstehen.

**

Lustvoll schreibe ich als Empfänger
diese Reime mir zum Verbleib
Leibeigner des Wortes und der Zahl zu sein!

**

Hier öffnet sich der Kreis und wird selbst
Punkt, ein Augenblick im All-Bereich
das Wort zu erlösen. Ich atme ein: ich atme aus:
das wird nicht mehr der Atem sein, den ich einzog
um mich zu erlösen. Das Atmen selbst ist Teil
der Sinne, die uns blieben, auch das Fühlen
über alle Romantik hinaus »Romantischer-Realist«
zu sein … und auch zu bleiben.

**

Hier öffnet sich das Fenster. Was geschah?
Frische wohlige Luftströme fielen ein … im Bilde einmal
wortlos zu sein.

**

Und dann?
Jener Atem der Nachmahd, er
wird sicherlich ein ganz anderer sein …!

Ich warte auf das erste Grün!
Auch wenn das wieder nur ein Wort:
im Winter-Latein!

C

Sonettbeginn VII – »Blumen … als Bezug
wieder zu ihnen, die auch blühend verbunden!

Dritte Vorlesung K. Jaspers »Der Mensch«

VII 1. Zeile
»Blumen, ihr schließlich den ordnenden Händen verwandte …«

Meine Blume ist das Licht der Erde
wenn das Morgenrot auf Geheiß
die Fenstergardine im Werde
den Morgen führt ins richtige Gleis!

Blumen, Mädchenblättern gleich
Register zu entblättern:
hineinzusteigen in das Reich
der Romantik in bunten Lettern

einzuschmiegen. Blütenblatt:
das Wort geordnet! Abgewogen
einzutüten ohne Rabatt.

Die Augen vom Licht betrogen
trinken die Hierheit als Patt:
und die Blumen werden Wörterdrogen!

… Alles w i e gehabt … Ich atme ein …
Blatt an Blatt …!

Die 3. Lesung 1947 Karl Jaspers ist betitelt »Der Mensch«

(Rilke): »Rose … seit Jahrhunderten ruft uns dein Duft
seine süßesten Namen herüber
plötzlich liegt er wie Ruhm in der Luft.«

Jaspers beginnt: »Das ungeheure Thema ›Der Mensch‹ kann in
einer Stunde nur flüchtig berührt werden.«

So möchte ich, in Anklang dessen Vieles einfach durch
die Blumen sagen … unverblümt.

1
Ein Auge für die Beine

Wohin ich auch ging, ein Auge
war ständig unterwegs
das Gesehene aufzunehmen.

2

Mancher Weg war dem Beine Weh
denn selbst die Eigenfrage
liebäugelte mit dem steten: Warum?

3

Wanderwerge wurden wortbegradigt
um die Augen zu sehen, sie
die in der Umnachtung
die Seelenwanderung mit dem einen Bein
dem blinzelnden Einen Auge
als Unterton der Gleichheit zu weih'n!

4

Es fiel in Ungnade so mancher Weg!
Für das Eine Bein zu weit, es hinzunehmen.
So rückten die Hände, dem Druck unterworfen
in das Moorbeet, im Gehen zu versumpfen.
Da fiel das Lid, lichtgeschwängert ein
in die Regale, und baute auf sein eigenes Bild.

5

Ein Auge für das Bein, das reicht.
Da wurde dem 1 Auge fließend wohl
und das Bein, das Eine
stimmte ein, selbst mit dem einen Bein
Sehender zu sein. Ich ging
und sah die Fußabdrücke Sein und Zeit:
… blumenweit … Mensch an Mensch!

6

Jede Blüte ward zum Mythos
mir: geboren!
Und aus der Knospe zartem Schmelz
schoss das Floß
Angesicht auf Angesicht in die Seele hinaus.
Das Nichts war gelöst.
Und auf dem weißen Ross
war die Blüte mit der Knospe vereint.

Blumenbeglückt

Mein Atem wird mir
dort zum menschlichen Gesicht,
wo die Wiese in endloser Zier,
Wort an Wort auf den Lippen zerbricht.

Lichtflut! Gänseblümchen, ungezählt.
Bienen brummen eins, zwei und drei.
Und schon ist das Lied ausgewählt,
das den Himmel öffnet: Einerlei

wird das Wort im Zauber
jener Schneise
die bunt geschmückt

den Grashalm zart und sauber
ummalt die Gleise!
Ich atme ein: Blumenbeglückt!

7

Manche Blume wurde nie zur Blüte
das lag alleine am Wort, Blumen
zu umschreiben.
Manche bleiben unsichtbar
selbst dafür gab es Preise.

8

Blumenkelch
Du Aderlass des Handgemenges,
Eins aus Dir zu machen: Wiesenbeet.
Durchlöchert ist das Wort: das EINE
das Gänseblümchen als Einheit zu versteh'n.

9

Eine Biene, rauschbefangen
auf einem Blütenblatt
denkt an all die Gitterstäbe
Wabe: Bienenkorb.
Ich sehe in die Welt hinaus,
und doch schau ich hinein
in das selbstgemachte Bienenhaus
Einzelner zu sein.

10

Ein neuer Trugschluss, er bebildert
mir den Rahmen, Worte zu formen.
Was blieb? Ein Buch, mein Wort im
Winter, blätterlos.
Ich atme ein, ohne an das Ausatmen
zu denken, so wie die Biene
in ihrem: Blütenrausch.

11

Heimgesucht,
so betitele ich den Almanach,
Tage auf ein Blatt Papier zu bannen.
Mädchenhände ordnen Puppenkleider:
ich, das Orakel eins zu sein.
All das Atemholen blieb dem Wort verborgen
Blume im Reich der Bienenkönigin zu sein.

12

Den Frust, Tage zu gestalten, er blieb in der
Luft: am Horizont ein Bukett.
Ein Blumenstrauß unsichtbarer Lichter.
Und doch, Du meinst gesprochen zu haben!
Eine einzige Zeile verwehrte den Eintritt mir
in das Reich der Bienenkönigin.
So flog ich die unsichtbaren Gedanken
in meinem Atem um die Welt.
Was blieb? … Ich!

13

So genormt durchfliege ich die Sphärenräume,
um die eine Blume aufzunehmen
Seit bei Seit.
Was kam heraus? Ein Buch von mir
umgaukelte der Blume Kern: Ich zu sein!

14

Ungebadet strömt der Regenbogen
in die Nacht hinaus.
Er verlor am Horizont die 7 Farben
Und doch, sein unsichtbarer Atem blieb!

(RF 84) Schelling: »**Das Ich ist etwas**, das sich schlechterdings nicht zum Ding machen lässt.«

Durch das Wort an sich wird jedes Ich zum Ding. So gesehen muss im Grunde viel geschehen, vom Symbol her in jenen Zyklus einzusteigen, um an EIN Ich heranzukommen, zur Wurzel zurück und zum Schweigen!

Da fand ich Thomas Mann, und begann wieder zu reden. (RF 90) »... unsere Sprache auf ihren glücklichsten Stufen ...«, damit beginnt Schillers Wunder das auszudrücken, das, was die Form auf die Wurzel zurückschraubt, das Ich unsichtbar zu beatmen. Jener Strom, der die Benennung ICH gebären lässt. Ich zu sein!

Einst war die Erde eine Scheibe, und oben war der Himmel. Dann fand man heraus, sie sei eine Kugel im unendlichen Raum. Wo aber ist jetzt Oben und Unten? Da fiel über ein Disput mir ein: überall muss der Himmel sein: ob Oben oder Unten! Der Wortnachweis war in sich gegeben. Da schaute ich auf die weiße Wurzel der Blume aus dem selbigen Grund und sagte mir, selbst Erde, der Scheibe – wortentflogen – muss demnach HIMMEL sein. Da kam ich auf das Ich zurück und schlüpfte in die Wurzel – als Keim im Worte ding-los zu sein! Zu einfach? Mag sein, da fiel mir die reine weiße Wurzel der Blume ein: mein Ich kehrte wortlos, der Scheibe entledigt HEIM! ... ding-los einfach ›Blume‹, Ich zu sein!

Blumen, Knospen als Beginn

Knospe, Samenkorn
»den ordnenden Händen
verwandter«* Sporn   (*Rilke)
das Wort an den Wänden:

ab, von aller Norm
brach den Raum.
Der Samen gab die Form.
Aus dem Korn ward ein Baum

und aus dem Lichtprozess
›der Liebe Leben zu geben‹
begab sich die Seele

in die Bahn, den Dress
Knospe zu beleben:
zum ersten Wort der jungen Blütenkehle.

Aus den Elegien
›den Zyklus zu bedienen‹
beschwor ER die Harmonien
das Wort blumig zu beschienen

den Gott des Gesanges
mit Orakeln lichtester Art
Orpheus zu umgarnen! Banges
Erröten gebar er apart

am Gartentisch, von Kante zu
Kante. Die strömenden Pole
füllten der Seele Krug

den Gabentisch, den Orpheus benannte
zum Leben zu erwecken! Im Gejohle
das Gepflücktsein als stillen Betrug!

Noch Knospe ich, im blühenden Gestade.
Rose, die thronende
als unerschöpfliche Ballade
duftend, sich belohnende

zum Aufbegehren, den Atem nehmend.
Dem Gepflücktsein entgegenzusteuern:
Leben zu leben? Lärmend
ist der Tag, den Duft zu beteuern.

Unsichtbar ist der Knospe Keim
wartend aufs Wasser, das
sie sich noch einmal erhole

aus dem begonnenen Tod. ›Reim‹
Knospe, als Kreislauf einfach blass:
»Blumen den ordnenden Händen« zum Wohle!

Noch ungeboren

Hatte ich die Möglichkeit, NEIN zu sagen?
Als Mensch – ich geboren.
Der Mai gab ein die Knospe, ohne zu fragen.
Ich war einfach zum Leben, dem meinen, erkoren.

Da war ich. Und ich begann
zu atmen: »Am strömenden Pole«
Mutter mich hineingebar: Wann
begann ich zu atmen? Unter Gejohle:

Die Hausgeburt. Dem fließenden Wasser gleich
strömten die ersten Schreie, wortlos noch
in die blumige Welt des Wortes hinaus.

So gesehen glich ich dem Quell, der weich
zu strömen begann. Das Joch
Leben zu leben lag noch weit voraus!

1

Ordnende Hände: Blumen.
Das Mädchen vor Ort, ein Wort.
Da reimte sich das Wasser ein
Selbst zu sein: für ein Blatt.

2

Dieses Blatt Papier
war meiner Blumen Untergrund
aus der Wurzel einen Strauß zu gebären:
L e b e n !

3

Manche Benennung ward durch die Blume
zum Pseudonym auf meinem Blatt.
Zuerst Baum, dann zerkleinert Bogen:
die Blume selbst sie wurd betrogen.

4

Hintergründig zog ich das Los
mich zu vergeben.
Die EINS löste sich auf
in Einheit: Frühling, Sonnentau.

5

So zog eine Spinne ihr breites Netz
über den Boden aus.
Mein Wort verfing sich.
Ich war verloren!

6

Nein ist nur das Wort
das zerrissen, vergiftend,
mich fressen wollte.
Da brach die Knospe das Netz:
entspannt war das Gespräch …!

7

Durch die Blume sagen
ist ein Altes Geflügeltes Wort
für Gebären. Im Nachruf einen Busch
zum Leuchten zu bringen?
Dafür brauche ich der Sonne Hauch!

8

Ordnende Hände
dem Luftstrom Verwandte
beschwören die Wände.
Zum Bund gebunden ist der Strom
der nie einst Quelle war.

9

»Sah ein Knab ein Röslein steh'n«
dem Alten Kinderreim
lüfte ich den Atem zuhauf
um das Vergehen
nur Pflanze zu sein, zu widersprechen.

10

Im Aufgalopp, die Blumen, eingebunden
zum Antlitz, so empfange ich den Duft …
und alle Andren (Sinne) schweigen!

11

Der Mensch als W o r t

Warum hat mein Antlitz
wenn es schreien möchte
keine Tränen?

Blumen schauen mich an!
Das Blühen nahm ich auf
in mein Gemüt, und aus
den Tränen – nichtgeweint –
ward Licht.

Blumen weinen nicht.
Blumen lachen auch nicht.
… Blühen … ist …!

Flaschenpost

Das Glasgefängnis
eines toten Zeitgeschehens
gehe in die Ära ein
aufgesogen im Vergleich
alles in die Zeit
hinauszuschwemmen.

Ziel wird Tropfen
der vom Himmel
aufgesogen Sterne
einlullt, wie
das Wort:
Gewesensein! So
stand ich da …

gefangen im Gläsernen Palast
der Zeit: Ein Mensch
der vielen Blumen gleich.

Holunderbeerbaum

Als ob sich meine Hände öffneten
so empfing mich
Baum und Strauch.

Blattspitzen, sie
zur Faust noch eingefroren
weiteten zum ersten Mal

den Mantel frisch und frei
ins Frühlingslicht
hineinzuschau'n.

Der Flieder-Busch
träumt noch im nackten Kleide
vom Perlenzauber
seiner Fruchtbarkeit

wenn die Holunder-Beeren
die Ästchen beschweren:
Dann?

… ja dann wird's endlich Sommer sein.
So öffnet der Herbst
mit Früchten Tür und Tor
dem Ernte Chor:
zur Blüte geboren …!

Atemlos ist schließlich nie
die Frage
sieht der Geber so, wie
ich der Blume Trikotage.

Und wenn er farbenblind
gar allergisch
oder religiös entfremdet

jenes Rot der Rose, ganz gelind
als eine aufrührerisch
gestaltete Staffage, als Gabe
eingeblendet sieht?

Möge da das Blühen an sich
der Blütenblätterschau
nie das Maß aller Dinge sein.

Das Wort liegt, der Blume Segen
auf dem Tische anbei:

ordnende Hände
sind im Worte nie allein …!

»Blumen
ihr schließlich
den ordnenden Händen verwandte …«
(Hände der Mädchen von Einst und Jetzt)
geben sich, Wange an Wange
ein Lichtverstehen. Auf dem Garten-
Tisch liegt ein Bukett
als Blüte des Lebens.

*

Und das Wort davor? Ist das
das Empfangensein, die Gleise
ins rechte Licht zu rücken?
um jene Blume zu sein, die
das Maß aller ordnenden Hände
im Tale uns begegnet: aufzuschauen?
… um sie im Wort – geboren – auf dem Gipfel
zu verführen, um dort Wort zu werden?

*

Jeder Gipfel schließt ein, einmal
das rechte Wort am rechten Platz
gesetzt zu haben: Blume – selbst – zu sein!

*

Befruchtet mag die Blüte vom Berge herab
sich dem Wort wieder unterwerfen: Frucht
gewesen zu sein; gemeinsam geblüht zu haben!
Der Frühling ordnet die Blätter
in des Baumes Ästen. ER reicht Allen
die Hand. Es müssen nicht nur
Mädchen gewesen sein …!

Blume, ohne Wasser
wärest Du ein blinder Haufen
Welken! Noch krasser
ausgedrückt, ohne zu schnaufen

die Blume – Mensch – sie wäre verloren
ohne diesen Tropfen
vorbei an die Juroren,
die an alle Wände klopfen …

um das Wasser fließen zu lassen
der Blume zur Freude.
Mensch, ER steht im totgegüllten Acker

der Blume – Same – sie verblassen.
Eine Träne ich vergeude:
Pflanzen im Blüten-Gatter!

Ist die Wolke am Himmel
schon verseucht? Das Ausmaß
der Gülle »Ackerbeben« im Gewimmel
zu begrüßen? Der Mensch, ich vergaß

ER saß am Rande. Begüllt sein Land.
Zu Tode gedüngt mit Antibakterium
der Tiere Bettgeflüster. An der Hand
den Himmel, Er, der einen Tritt, stumm

in die Seite bekam. Auch er war
bekotet mit Antibiotika-Gemisch –:
Dem Menschen nicht ganz unbekannt.

Blumen blühen auf vor dem Tag-Altar.
Selbst das Bio-Gemüse ist an sich
nicht mehr frei! Der Regen selbst: umbenannt.

Vom Höhlengleichnis

»Blumen
ihr schließlich den ordnenden Händen
verwandte ...« Krumen
sind verteilt an blanken Wänden.

Dort, wo das Höhlengleichnis
den Schwur erhob EINS
zu sein, mit dem Verzeichnis
ihrer Wörter die eingegeben! Keins

glich dem Atem des Außen.
Innen ist das Licht
wortlos, ungeordnet anders frei.

Und? Das Geordnete blieb Straußen-
feder-Säuseln. Bericht?
Höhlenwand ward mir zum Schatten-Einerlei!

***

Wörter an die Wand geworfen
ergeben ungeordnet keine Blumen.
Außen sind sie Licht.
An der Wand, aus dem Dreh heraus
ergeben sie nur dunkle Matten!

»Die Blüte – Blume – ist dem Baum
die Frucht«, so sprach ein Philosoph
in den unendlichen Wörterraum
hinaus, und nach dem Apostroph

flog die reife Frucht in die Geburt
hinaus, auf sich gestellt:
Einzelnes zu sein. Der Gurt
das Licht Leben zerschellt

so das Abc, das dem Ich
ein kleines Dasein unbeblümt
in die Arme legt.

Ich sah die Geburt, die
mich zum Vater machte. Ungerühmt
war die Blume: unbewegt.

***

Von der Blume zum Wort
ist's der gleiche Weg. Zuerst
blumiger geordneter Gedanke!
Dann ein Schrei! Geordnete Hände
fangen auf das Leben, und der
große Eimer, für die Nachgeburt:
Blütenrest …!

»Sah ein Knab' ein Röslein steh'n.«
Das war der Schein
der ordnenden Hände: Besehen.
Der Tag gab dem Tage Wein

einen blumigen Geschmack.
»Philosophie war einmal Weg (K.J.)
zu den Wissenschaften.« Der Frack
blieb bestehen, der schmale Steg

das Röslein wortlos einzuverleiben
in den verschlossenen Reim?
Jenes Aufwärtsblicken zu betrachten

ward Strauch, Busch: Frömmeleien
zu entnehmen. Tiefst sitzt der Keim.
Das Röslein still, möcht wortlos übernachten!

***

Röslein rot! Deine Sinneinheit
›Verstehen und Sehen‹ zu vereinen
bringt die Räder zum Stehen.
Ich sah den Knaben himmelwärts trachtend
»Röslein, Röslein, Röslein rot« …
einst wirst Du des Himmels wortlos Brot!

D

Zeit der Benennung

(XII) Zeile neun –
»Wer sich als Quelle ergießt,
den erkennt die Erkennung ...«

***

Die Erde öffnet sich.
Du beginnst zu sprechen!

Und in dem Fließen dann
benennst Du dir den ATEM
strömen zu lassen.

Viele Flüsse, Bäche fließen
un-gequellt, im Innersten der Erde
sie die gerne Quell möchten sein.

Im Ergießen liegt es alleine, aber
nur DORT blüht die Erkennung,
wenn Dein Wert als Einheit Dir
dieses Benennen ergibt.

Das war der Berg hinein
die Eine Spur.
Der Abstieg ist Dir die Bekennung:
gegangen zu sein.

Dann warst Du Quelle.
Dein Wort hat sich zum Selbst benannt!
Es wurde Rinnsal, Bach
gar Strom, im Anfang des
Aufbegehrens! mit Dir eins zu sein!
Das ist der Beginn jeder Quelle!

XII. Sonett Rilkes: **QUELLE**
und 4. Vorlesung Karl Jaspers 1947
»Philosophie und Religion«

I KJ 67/ »Dann aber, in der Trennung beider, wird Religion für Philosophie das große Geheimnis, das sie nicht begreifen kann. Sie macht zum Gegenstand der Untersuchung: den Kultus, den Anspruch auf Offenbarung der Macht einer religiös begründeten Gemeinschaft, ihrer Organisation und ihrer Politik, und die Sinngebung, die die Religion sich selbst verleiht.«

»… als Ringen um Wahrheit allein mit geistigen Mitteln.«

Sie zu trennen ist nicht Wahrheit, und auch nicht mit geistigen Mittel zu erreichen, da sie beide am Sinn ihrer eigenen Wörter kapitulieren müssen.

I KJ 33/ »Ein bewiesener Gott ist kein Gott.«

In diese ARENA einzutreten, da reichen Wort und Wörter allein nicht aus.
Daher verlasse ich diese Qual mit Zwiespalten an sich diese Diskussion an dieser Stelle fortzufahren. Aber?
Vielleicht reicht meine Gesundheit noch für eine andere ARENA dieses Thema nicht mit Hackebeilchen und Kanonen hintergründig im Besinnen zu beginnen:
… Bis bald an anderer Stelle.

Ein Auge für die Hände

Geöffnete Hände
können geben, aber auch nehmen.

So gesehen ist das Wesen handnah
zu betrachten: dort zu übernachten

wo der Pöbel Auge um Auge verschließt
um dem Abbild seiner Seelenklausur

das Wort in den Händen zu halten
damit die Augenflut, die Eine

Beweise liefert, im Traum beredt
der Hände Arbeit auszuplappern.

In dieser Runde sind die Hände augenlos
halb Leben und halb Tod.

Der Widerruf der Hände, durch das Auge
war unverfänglich Mund an Mund.

Somit verschloss das 1. Auge das Gespinst
als Nessie, in der Vase, daheim zu halten?

Da lächelte sogar das kleine Mädchen Hannah und begann
die Hände in die Augen zu legen …

Hand bei Hand …!

»ATMEN, Du unsichtbares Gedicht:«
wie heimelig der Klang der Botschaft
unsichtbar, und doch Gedicht zu sein.

*

In der Stille strömt der Luftzug
eingeatmet in die meine Seele
begehrt auf, das Licht gelöscht zu haben
… das Wort, das mir am Herzen lag
in meiner Hand.

*

Ich atmete aus
das ganze Abc durchdrang den Frühen Morgen
jener, der das Wörtchen ATEM formte
… unsichtbar?

*

Ich ging hinein, im Arm den ATEM
der mir beides gab, die Luft
in den Zwischenräumen, wenn die
Atmung einhielt – dieses JETZT – zu orten!

*

Ich schrieb ein Wort an die Wand
und ich erschrak, es waren Kreuze
das unsichtbare Gedicht KRIEG
erfüllte den morgendlichen Raum.

»Das hat Hand und Fuß!«
sagt selbst der Philosoph, als Muss
und schließet ein den Gedanken-Gruß
in seinen Wörter-Guss

um zu gesunden
dort, wo Blüte, Blatt im Astgewirr
zählt die romantischen Runden
als tägliches Ess-Geschirr.

So gesehen ist das EINE
auch das VIELE, und die Nacht
hebt an sein Gesicht ins volle Leben

den Gedanken, als das Reine
im Wort zu erleben? Seine Pracht
als EINES: Romantik zu weben.

KJ 69/ »Wer im endgültigen Besitz der Wahrheit ist, kann nicht
mehr mit anderen richtig reden – er bricht die echte Kommu-
nikation ab zugunsten seines geglaubten Inhaltes.«
Schon bin ich an der Quelle gelandet, dort, wo sprudelnd der
Schoß, als Ursprung des Anfangspunktes, dir vor Augen hält,
den Born wortlos zu genießen.

Der Besitz der endgültigen Wahr-
heit, ist in sich geschlossen
das Wissen insgeheim, immerdar
selbstverschlossen

sich in den Himmel zu heben.
Wobei die Erde
selbst im All gelegen dem Streben
das Werde

zu unterliegen droht.
Da die ewige Wahr-
heit dem Belange trotzt

Glaube und Wissen in einem Boot
vermaledeit, wie irgendein Zar
mit Allwissenheit machtbewusst: protzt.

1

Das Gedicht
das wahre Atmen
ist im Worte gegeben
jene Einheit Leben
die in Orakeln dir den Spiegel
Himmel bemalt.

2

Selbst tausend Wörter
aneinandergereiht:
Du atmest ein!
Das ist der EINE Teil:
ich atme aus? Nein!
Ich hielt den Atem an.

3

Was kam heraus?
Nur Wörter, Worte! Ich atme wieder ein
und warte mit dem Chiffrenschein.
– geschrieben zu haben –
Arm in Arm mit mir!
Und das Spiegelbild erlosch!

4

Unsichtbar blieb die Hand, die schrieb.
Die Wörter wurden Staub
eine Hängepartie, um den Müll
Wort bei Wort dem neuen Atemzug
zu unterbreiten.

5

Die Quelle sollte so gesehen
Ursprung sein. Aber?
Mancher Aufbruch, er bleibt Täuschung
da der Gülle-Strom der
in die Erde floss
Wurzel eines Fluchs zu sein.

6

Heute kehrt man selbst die Quellen um.
Mancher Fluss versank.
Heraus kam nicht einmal ein Wort.

7

Wenn die ersten Bäche in ihrem Lauf versinken
vom Gülle-Gestank ertränkt; dann
beginnt der Quell sich selbst zu ertränken –
uneingeschränkt.

8

Das lachende Auge versinnbildlicht
den Schwur, die Umwelt zu schonen.
Doch jeder Ursprung
ist gewissermaßen Quelle in sich.
Damit wird jeder Gedanke zu einem Born
des Lebens. Die Sorge allein bleibt. ›Der
Machtgeschrei‹ der Weltgesichter:
Mensch zu sein!

Noch lange lag die Nacht im Horizonte
verdunkelte im Sonnenschein mein Wort.
Und in den Händen das, was mich besonnte
der Aufbruch Morgenröte: mein Akkord!

Das tägliche Abwägen
Horizonte zu öffnen Kreis auf Kreis.
Dein Augenmerk zu regen
Romantik so, im Einzelbeweis.

Die Seele Dir zu öffnen: rigoros!
Das Licht kennt keine Türen.
So schließt die Mauerritze die Gedanken ein.

Das ist ihr Los
im Looping-Verfahren zu spüren:
Romantik hat in sich kein Grenz-Latein!

»Wer sich als Quelle ergießt«
wird zum Wort, zum Teil
einer Benennung. Man misst
und wird zum Domkapitel, feil

die Hand nur dort zu erheben
wo die Macht der Gesetze
Dir den Mund gewährt zum Leben
um nicht in die Fangnetze

jener Quellen zu enden.
Aus dem Selbst heraus innigst beladen
die Wandlung der Macht

als entfremdeter Geist zu stranden.
Die Erkennung auf der Geraden
gestaltet den Tag zur Nacht.

S. 142 R. Safranski: »Religiöse Erfahrung ist Gefühl und An-
schauung der Unendlichkeit des Universums.«

***

Mein Gefühl gleicht dem Schrei
jener Quelle, als sie noch wortlos war.
Die Erfahrung wird gegeben im Einerlei
morsch das tägliche Leben. Sogar

das Gefühl beginnt im Quellgebiet
des Anfangs das Ende zu bestaunen.
Entfesselt ist die Endlichkeit:
Zeit bleibt Zeit im ständigen Lied.

Das Religiöse zieht, wie die Spinne
ihre Fäden, das Netz zu betrachten.
Und meine Hände umnachten fadengleich

die Lebensarbeitszeit. In dem Sinne
bin ich im Grunde die Spinne, die im Umnachten
im Mittelpunkt des Netzes rastet: mein Reich!

Quelle

Manch' Quelle war Geburt
ein Stein im Häuserbau.
Manche Furt
floss dahin und aus dem Grau

eines Tröpfchens wurde ein Bach
ein Strom hin zu Meer,
wie der Stein Grund zum Dach
meines Wortes Begehr'.

So ergießt sich die Quelle
erkennet die Erkennung
begibt sich in die Unendlichkeit.

An dieser Stelle
ist Seele die einzige Benennung
für das Leben in sich: ZEIT.

Ein paar Epigramme

1

Wenn ich den Quell als Wurzel sehe
sich im Meere zu beenden,
dann ist die große Frucht ein Begehr
den Geist mit Wörtern zu bestücken
die nimmermehr den Quell erdrücken.

2

II. Weltkrieg. Kind ich: Quell insgesamt.
Wohin mit all der Trübsal, dem Elend
den Speichel als Nahrung allein mit dem Sinn
die Sättigung zu beglücken.

3

Parallel die Wörter mir, mein Leben
lang, im Ursprung das Licht in
der Dunkelheit zu suchen, um das Helle
wortlos als Ende einer Quelle
zu betrachten.

4

Ausgangspunkt war der Quell: Jetzt ward er
zum Meer. Mancher Bach versandete, ver-
trocknete in einem Dickicht voller Chemie
Gülle und Kriegsschutt: Wo lande ich?
Noch bin ich auf dem Wege …!

5

Manche Quelle wird zum Quell des Lebens,
wenn Du nicht dem Trübsal
das Paroli vor die Füße wirfst:
Ausgangspunkt der Deinen Wörter Atemnot.

6

Brunnen, Born des Lebens: Quelle.
Ohne diesen Anfang ist das Kolorit
der Ursprung deiner Seelenwanderung
den Tag der Blume – Deine – Quelle Leben
ein Gesicht zu verleih'n.

7

Manche Bombe zerstörte so manchen Quell
der dann ungeordnet in dunkler Erde
sich die Bahn erfüllt: zu sein!

8

Quelle, Anbeginn des Ursprungs, mir
ein Wort zu gönnen, das dem Anbeginn
auch als Ursprung kürt.

9

Das Martyrium dem Licht die Dunkelheit
zu annullieren grenzt an Ketzerei.
Doch ohne Dunkelheit kein Licht.

10

Die Kerze, die den Quell ersetzen sollte
ist Ursprung neue Kriege zu beginnen.
In der Vertäfelung der Außenwand
ist Bitternis der Fluss im Kummerkleid.

***

Noch unbesprudelt
fließt der nackte Schrein
in die Pein, besudelt
im Sein.

Quelle sollte stets Anfang
bedeuten, aber nein
der Aufgesang
quirliger Pein

aus dem Acker hervor
floss dem Auge zur Schau
braune Soße in den Raum

der der reinen Quelle öffnete das Tor
zum Erkennen, der gesamte Bau
von Reinheit der Quelle, wurde Schaum …

… ein böser Traum …!

Ich sehe den Born stranden.
Am Rande der Acker-Furt
steht der Bauer, nicht verstanden
das Licht der Arbeit Gurt

reines Getreide in die Welt
zu fördern: der Menschheit Keim.
Doch der Ursprung ist das Geld.
So ging er selbst sich auf den Leim.

Quell reinen Brotes
zum Ausgangspunkt dem Samen
ein faules Bett zu geben?

So gesehen, im Nachen des Gülle-Bootes
Licht zu fördern; der Körner Rahmen
unterband er selbst, im Licht zu leben!

A

Quelle hin
Quelle her
das Angesicht der Reinheit ging verloren.
Die Wurzel, der Schoß
eine Hand zum Leben zu erwecken
blieb stecken im Leib der Erde:
Der Anfang begann als Ende
hier die Menschenherde.

B

Dem Vieh untergeben
verdüngt die Hand den Leib
zum Martyrium zu weben
das Licht zum Verbleib!

C

Dunkelheit erschien an der Stelle
wo der Rinnsal Quelle
gebar in sich den Untergang:
Ein Wort ›Mensch‹, im Gülleschrank.

D

Gesehen, auch das ist Quelle.
Auch wenn verschließt der Mensch die Augen
wird der Keim, besudelt ›Welle‹
sich das Gift aus der Mutter Erde saugen?
Wohin? Ich weiß, weißt du es auch?
dann sag es mir!

Das Tagebuch quoll hervor.
Weiße Seiten lagen da
gebunden. Ohne Noten der Chor:
ohne Wenn und Aber, ohne Trara!

So begann ich, die Wörter überlebt,
an die Quelle zu denken.
Sie, die wie die Spinne gewebt
ein Leben aus dem Nichts zu schenken.

Mutter war das erste Wort auf weißen Lettern.
Da sprudelte hervor: Aug' und Ohr.
Das sollte also Ich der Anfang sein?

Ein Punkt nur auf einem weißen Bogen: extern
auswärtig zu öffnen das weite Moor.
Ein Blatt im Wind, blass der Schein!

***

Wörter blieben als Stillstand liegen.
Das Dasein war als Quell mir geboren.
Und nach dem morgendlichen Wiegen
blieb nur Masse: jedoch unvergoren!

XII »Wer sich als Quelle ergießt
den erkennt die Erkennung.«
Hände öffnen sich als Ausgangspunkt
der Blindheit des Fließens, Wort zu geben.

»und sie führt ihn entzückt durch das heiter Geschaffene
das mit Anfang oft schließt mit Ende beginnt«
So gesehen blieb ich stehen, obwohl ich weiterging.
Das große Fragen in mir begann das Selbst zu leugnen

je Quelle gewesen zu sein. Das Ende meines Wort-
Belanges begoss irgendeinen Reim, der
unumstößlich Grenzen öffnete, die ich nie sah!

So gab die Erkennung dem Worte die Benennung
am Weiher auszuruhen, um dort der Quelle Tropfen
für Tropfen als Brunnen-Wort mir zu erfließen.

***

Erkannt habe ich das Erkennen. Am Weiher
vorbei floss der Quelle Strom, ich benetzte
symbolisch die Feder mit dem reinen Quell.
Benennen? Nein! Dieses Strömen soll quellenlos bleiben.

Das Entlegene und die N ä h e

Aus dem Wasser heraus
führt der Steg: das Leben!
Die Brücke endete so, wie
sie begann, im Meer der Zeit.

Kraniche kommen und gehen.
Flugs – verkünden sie Frühling
und Herbst. Das Hier, das Dahin
wie das Bild: Der Steg!

Heimelig der Flug
der großen Vögel.
Sinnbild von Ankunft
und Abschied zugleich.

Kommen sie? fliegen sie fort?
Kraniche sind mir ein Licht
im Wort, Teile des Jahres
wie der Steg: Die ZEIT!

Die Brunnen

»Flamme bin ich sicherlich«
schrieb Nietzsche einst.
Quelle ist der Funke innerlich
der diese These kleinst

vereint. Erst einmal ein Born
der Brunnenrand, Ursprung
der Tropfen aus dem Schlund, die Norm
Eimer aus dem dunklen Rund

ins Licht zu heben.
Wasser, Flamme zu sein.
Da bedarf es des Wortes Lachen

Tropfen, Funken in die Höhe zu heben.
»Ja, ich weiß woher ich stamme«. Mein
Fünkchen bleibt mein Wort in einem Nachen.

***

Aufgehoben fließt der Gedanke über den See.
Wie viele Tropfen hat das Meer?
Auf den Höhen der Alpen liegt der Schnee.
Flamme, Du bist stets mir Begehr.

Ungeachtet der Qual
den Ausgang – Punkt – Geburt
zu denken. Am Ural
trennen sich die Welten. Der Gurt

er schwenkt ein
auch dort Europäer zu sein.

So gesehen ist die Fläche
in sich geboren, nur das Wort
im Ursprung Mensch zu sein. Es räche
sich stets der Gedanke, im Hort

das Licht zu unterdrücken
sich nicht als Mensch zu beglücken.

***

Menschsein wird dort zur Qual
wo das Ich sich nicht öffnet
zu verlassen den Marterpfahl:
Land mit Menschsein zu verbinden?

Im Augenaufschlag Ausgangspunkte
zu verniedlichen, dort
beginnt das Martyrium. Es unkte
stets ein einzelnes Wort

Dir die Funktionen ein
im Kummer stets allein zu sein.
In der Blockade wird zu Stein
dein tiefster Sinn, ein Bein

das Dir die Stütze sollte werden
verlor den Halt:
und die Beschwerden

verteilten sich über Leib und Seele.
Und schon BALD
wird man Dich belehren!

***

Gesetz ist Dein Leben. Dies und Das
wird dir zum Befehl.
Die Beine schwanken ins Dunkle: Ferne.
Denk an Deiner Seele Stern.

Sterne? Mag sein sie sind weit entfernt.
Aber Dein Sehen bei Tag und bei Nacht
ist der Augenblick der entsternt
Dir das Licht auch zur Nacht gebracht.

I

»Wer sich als Quelle ergießt«
ist stets Empfänger
Descartes sagte: »Ich denke, also bin ich!«

II

Die Erkennung erkannt?
Dann fließt die Quelle zurück
und Descartes wird Empfänger?
»Ich bin« stellt dann zuerst sein Denken ein!

III

Die ganze Wohligkeit des Erkennens
endet oder beginnt dort, dort
wo die Hand die Feder niederlegt
und sagt demonstrativ: »Ich bin!«

IV

Wo dieses Denken beginnt?
Mit dem Wort in Deinen Händen.
Nur? Gib acht! Sein Atem wird nie
der Deine sein ... so auch beim Wort!

E

(XV) Zeile eins und zwei
»Oh Brunnen-Mund, du gebender, du Mund,
der unerschöpflich EINES, Reines spricht …!«

(KJ S. 5) Vorlesung 1947 »Philosophie und Religion«

Wörter in sich bilden Kreise.
Und jeder meint im Wort, selbst Kreis zu sein.
Meiner, so gesehen, kann stets Anfang
oder Ende in sich bedeuten:
und trotzdem Kreis (1) Wort.
     Z.B. Brunnenmund. Cäsar hatte seinen Krieg:
Herrschen und beherrscht zu werden. Das ist
nicht des meines Kreises Zeichen, im großen
Ringen in der Mauerritze: Sprachgebrauch!
     Des Wortes Haus hat der Außenwände – 4 –
im Quadrat – wie Ost-Süd-West und Nord.
Spielbälle von Bord zu Bord auf dem
Endlos-Meer der Nuancen – Mensch zu sein.
… oder auch nicht!
     Mein Reichtum ist ein stilles Sichbeschenken
am Brunnen-Mund, der Reines spricht.

»Brunnenmund,
der unerschöpflich EINES, Reines spricht.«
»… und im Hintergrund der Aquädukte Herkunft.«

KJ 101–130 – 5. Vorlesung 1947.
S.116 »Nichts ist wahr, alles ist erlaubt.«

Das wäre von mir aus gesehen eine Wahrheit in sich!
S. 112/ »Menschvergöttlichung ist eine Rettung aus dem Nihilismus … aber selber schon verborgen nihilistisch.«

In dieser Arena Poet und Philosoph ist diese Debatte doch nur so zu erklären: »ich bin der Herr Dein Gott, Du sollst keine anderen Götter haben neben mir.«
Von Mensch zu Mensch möchte ich diese Arena – kleinst – verlassen, da jedes Wort hier Größenwahn symbolisiert … und davon möchte ich mich distanzieren.
Also, Poet, ein »Romantischer-Realist«, der zwischen Ein- und Aus-Atmen versucht, diesen Blitz, der in keinem Wort zu halten ist, irgendwo zu deuten: ich atme aus.

I

Das siebente Auge:
als ob das Blut das durch den
Körper rinnt alle Sinne zu binden
oftmals unerklärlich die Augen schließt.

II

Dort eingereiht ist die Transzendenz
nur ein Fingerschnippen.
Der Dampfer fährt flussauf
der Flut entgegen.
Ich halte jene Welle in den Händen
geballt im Auge, dann selbst als Seele
Einspruchserhoben dabei gewesen zu sein.

III

Ich erschrak, dank dieser Bekundungen
und lächelte, alle Augen geschlossen.
Zurück, und bat zu verstehen, mit
dem 7. Auge, nicht die Unendlichkeit
zu übersehen: Wahrheit und Widerruf …

IV

Zugleich zu sein. Ich fiel auf meine Wörter
selbst herein. Und ich singe das alte Lied
von der Matrosenheimat Hamburg.
Um der Seele Wandel ›geschlossenen Auges‹
jeden Vorwurf anzugehen, mit allen Augen auf zu seh'n.
Muttermund: ich ward durch ihn geboren …!

***

1

»Unerschöpflich EINES, Reines spricht«
Und die Geburt, diese Reise in das Abenteuer –
Licht, ein Edelweiß an nackter Berges-Wand.

2

So zog ich hin, noch sündenfrei,
denn dieses Wort war selbst den Eltern fremd.
Auch wenn aus dem »Großen Nichts«
der Mensch die Religion entwarf,
jenseits göttlichem Lichts, als Sünde
den meinen ersten Schrei zu bekronen.

3

Ferne war der Brunnen-Mund:
mit Wasser das Licht zu schützen.
Das Blatt am Baum erbrach die Knospe
göttlich gebieterisch das Konto
schuldfrei zu belasten.
Das Wort, ein Nichts aus dem
Machtverkehr: Volk zu Volk zu gebären.

4

Der Lohn? Mit dem Nichts an die Macht.
»Oh Mensch gib acht« sprach Nietzsche einst
am Silvaplaner See, und band die Seele
an einen Stein: Ufer im Meer zu sein!

A

Mutter-Mund: Geburt –
das war die Schwelle.
Dann floss das Wort der Mutter:
Muttersprache so entstand!

Oh Brunnen-Mund
möge Dein Quell
nie von der Gülle erreicht
meine Sinne zu vernebeln.

B

Der Geist, mir mitgegeben:
Mutter-Mund, so oder so gesehen
hält auch heute noch die Ahnung frei
geschlossenen Auges Dein Wort zu verstehen.

C

Wie oft sollte ich meinen Mund halten.
Zurückgedacht war es Deiner, der
mir die Augen weitete, um den
ersten Schrei als ›Auftakt Leben‹
in die Welt zu setzen.

D

Heute? Dein Wort wird stets mir eigen sein.
Ich atme ein den Duft des kargen
Mahles – Tag um Tag – rationiert – KRIEG war
angesagt, den Du Dir vom Munde für uns
hieltest gespart.

E

Braune Paste: Brotaufstrich. Ungeboren
lag der Dunst der Hungersnöte über uns.
Und doch war es Dein Wort das uns den Glauben
schenkte irgendwo noch Mensch zu sein.

F

Im Grunde ist das Gebären
ein Auftauchen aus dem Brunnen-
Mund. Auftakt der Welt zu erklären:
Hier ich und wo bist Du? …

G

So begann die Nacht ihren Atem
in den Tag hinaus fließen zu lassen:
wurde Wort. Doch niemand verstand
der Sirenen Lachen aus dem Schlund
der Ewigkeit: Sein und Zeit
menschlich zu erklären.

H

Der Funke Leben war ins All hinaus
entflogen. Odysseus stand
gefesselt am Mast der Galeere
um diesen Atem, der Brunnen-Münder
als Wesen zu hören.

I

Mancher unsichtbarer Sirenensang
geht täglich um der Erde Ball.
Atombomben-Versuche, sie sind
unsichtbar nur im Vergleich:
Die Macht aus dem Worte herauszunehmen.

J

Das unsichtbare Gedicht
wird HEUTE der verbrüderte Schrei
sich dem Leben entgegenzusetzen.
Gefesselt sind wir im Grunde ALLE
zu glauben: Wort an Wort!

Der Brunnen-Mund (XII)
»Wolle die Wandlung.
O sei für die Flamme begeistert.«
(XV) »Weiter an Gräben vorbei … ein Ohr der Erde.«

Schrieb Er, Rilke, von Menschen? Oder waren es Mythen-We-
sen, die sich die Urheber borgten? Weit, weit hinaus zu schau'n?
 »… Eines, keines spricht …«

    1

Beginne ich – Das EINE – dann ist die Vielheit
stets eingeschlossen in dem Ring des Seriensängers.
Gefesselt ist in mir der Atem stets
vom Brunnen-Mund zu hören.
Der Atem stockt. Ungesehen liegt in meiner Feder
ein tiefes Flehen der Sirenen-Stimmen zu umgehen.
Ich möchte die Untertöne, die unsichtbaren
aufnehmen – EINS bei EINS – um sie in der
Masse – EINS – zu verstehen.

    2

Das Ohr der Erde ist der Sinn
aus dem Untertone Quell
mein Wort zu gebären …!

3

Mein Mund ist Quelle und Brunnen: EINS.
Bevor das Wort zum Bach, zum Fluss wird, ist es
angebracht zu fragen. Wort, bist Du Eigenprodukt
oder der Vielheit abgerungenes Teilstück
einer Ich-füllenden Masse?

4

Den Mund halten, das ist der geschlossene Kreis
dort, wo der Quell mit Füßen getreten wird
um zu versiegen.

5

Der Krater im Wüstensand wird nur dann zur
Oase, wenn die geöffnete Hand den Atem
gleiten lässt.

6

Das Wort: Brunner-Münder –
Das Wort: Quelle –
die Worte daraus ein Ohrenschmaus …
Beide in Einheit geboren.

7

Als Kind zog ich mit einem riesig langen Stab
das Wasser aus dem Brunnen. Dasselbe Wasser
fürs Vieh, dieselbe Quelle. Nur andere Eimer!

***

Mancher Brunnen-Mund wird zum Spektakel, wenn das Licht den Zweig nicht erreicht, um die Knospe mit Helligkeit zu versorgen.

Der Muttermund, mir erster Schrei, um einen neuen Mund, den sprechenden, in die Welt hineinzusetzen …

Geburt ist ein Wort, wie Mutter-Mund »du gebender du Mund, der unerschöpflich Eines, Reines spricht …« (XV)

Die Zitadelle Glauben, die Frucht, zu verleugnen, gar als Produkt einer Sünde herauszuarbeiten, ist im Grunde Selbstbetrug.

So laufe ich in der Gefahr die Seitenlängen der Fremdkörper ab, die Geburten, der Befruchtungen etc. als unmoralisch gar sündhaft zu betiteln; der möge sich flugs an der Biene Flügel heften, in das Kleebeet der Wiesen hinübergleiten zu lassen, um das göttlichste überhaupt – weltlich – betrachten zu können, die Befruchtung des Klees, des Löwenzahns und anderer Blüten mehr …!

Der Strauß, des Verstummens, an der Wiege Saum, das ist ebenso, wenn auch ein anderer Ablauf des Frühlings reinstes EIN, ein unsichtbares Gedicht, das sichtbar wurde mir, durch den Flug der brummelnden Hummel, die Öffnung des Brunnen-Mundes: Quell des Lebens zu sein.

**

Brunnen-Mund, Du Kelch
der Morgenröte –
so pumpte ich aus innerer Tiefe
zu Tage das Nass
und füllte das Fass.

Die Regel sagt: Der Weg ist mein Ziel.
Ich sage: Es gibt Brunnen-Synonyme
endlos viele: mit dem Frühling beginn!

Auch die Bombentrichter
hielten bereit ihren offenen Schlund:
Brunnen-Mund Tod!

*

Die schwarzen Löcher im All der Zeit:
Muttermund? Nein, für mich sind's
die Trichter unerfüllter Lüste
Abziehbilder von Sein und Zeit.

*

Auch die Tellerminen entlang der Grenzen:
gelebt, sind Jungfernschlünde
Leben zu zerstören.
Sie lauern wie die Kobra, erhoben
den Schlund, mir gewiesen: in Kenia!
Der Rachen mit Gift gefüllt und die Erde
mit Tretminen, der Jungfernhaut Mensch
Leben zu nehmen: Mensch dem Menschen.

*

Der Tod hält sämtliche Formen bereit.
Der Mutter-Mund er gab. Die Erde nimmt
sie heim, gemach, fern dieser übereiferten
Brunnen-Mund-Löcher. Gräber die gemacht
den Menschen entfremden, oder sollte ER tatsächlich
gefeit sein Wesen auf diese Weise göttlich, wie
im Krieg sich zu vernichten?

Ich sprang in manche Falle
von Menschen gegeben.
Und an dem großen Wasserfalle
fernab vom Leben

da gebar sich mir ein tiefes Schweigen
dem Mund der Plappertasche
die Stirn zu zeigen.
Im Almanach der Tageslasche

einzutauchen in das Punkt-Karussell.
Den Schnabel, das Selbst zu bespitzeln
ausgelaugt vom ständigen Kampf.

Das Licht in das rechte Wort zu setzen? Grell
war der Schatten sich selbst zu bewitzeln.
Geburt ist das schon das Licht? oder Krampf?

So, wie der Schnabel mir gewachsen
lusttrinke ich die Sinne in den Raum.
Der Brunnenmund legt meine Kindheit offen. Die Achsen
jener Licht-Divisionen sah ich kaum.

Am Ende meines Schweigens jene Strähne,
Brunnenmund, geöffnet zu verstehen:
»du gebender, du Mund der unerschöpflich« erwähne
»der unergründlich EINES spricht.« Im Flehen

die Hände, das Gesicht im Spiegel zu besehen.
Es bedarf den Blick auf das EINE.
Kreise enden im Erkennen

das Selbst im Spiegel zu verstehn.
Dort verstummt selbst im Raum der Steine
jener Schatten, helle Ränder zu benennen.

***

Brunnen-Mund, ich muss gestehen
einer Wasserleitung gleich: die Schnabeltasse
befeuchtet mir den Schlund, im Gehen
zu betiteln – mit Leib und Seele – die Wort-Terrasse.

(XV) »… vor des Wassers fließendem Gesicht«
ein stummes Säuseln.
Der marmornen Maske Bericht
zieht ein in die Stille: es kräuseln

sich gebundene Perlen, Tropfen
aquädukter Herkunft
ins Reine. Sie beklopfen
am Hang der Wasser Zunft

das Gefäß, das sich schlafend hingelegte Ohr:
der Erde fremd geworden.
Der Krieg ist, belegt, das Alter beschenkt:

jener Tropfen Brunnen-Mund-Chor.
Alle Töne der geschenkten Orden
sind in trunkener Kehle eingelenkt.

***

Zeichne mir das Bild
die Kindheit, als ich vor dem
dunklen Rand den langen Stab hinunterwarf
das kühle Nass aus der Tiefe in die
Küche zu befördern.

Eimer für Eimer, der 1. für uns
den 2., 3. für die Kühe und die Pferde.

Atmen, du Lichtgeschmack
tägliche Süße einzubinden
in die große Achse, verklemmt
die Straße frei zu geben. Sich finden

als Dauergast Dir selbst zu sein.
Das Ohr der Erde,
am Weiher, Stein bei Stein,
das große Werde.

Selbst das Ohr, dem deinen Atem zu weih'n
»Oh Brunnen-Mund
du gebender« beginne

klein bei klein
das Gebet zu öffnen. Gebe kund:
öffne als Leben selbst die eigenen Sinne.

Dort, oh Brunnen-Rund
wo Gefäß du wirst, ist verloren
der meine Sinn, den Bund
zu schmieden, erkoren

im Stein ein Eigenwort zu beginnen.
Dort, wo der Atem, zur Not
dir emporsteigt: von Sinnen
ist der Name: »Das tägliche Brot.«

Das Geben sei der Mund
der herüberwallt
wortlos zu werden.

Die Nächtlichkeit, gesund
uns erhellt
Stern, Selbst, zu sein, hier auf Erden.

Der Aquädukte Ursprungs-Ort
Ohren zu öffnen, um zu hören
der ging verloren in dem Sport
sich selbst zu betören.

Gefäß ist der deinen Muttersprache Sinn
das schwarze Altern
Atem und Keim
nicht abzugeben an Gestaltern.

Sie, die Deinen Atem steuern
und dirigieren, in den Schlund
deinen Atem wollen vorzuleben.

Beginne das unerschöpflich Reine ins Feuer,
den Kelch hineinzugebären! Blut
ist der eine Reim: Leben Dir selbst zu geben.

Das Lichterfest
sich mit Dir zu verwöhnen
öffnest Du alleine im Arrest,
um dein Selbst Dir nicht zu verhöhnen.

Kleingeistigkeit ist jener Geist
der Stille, wenn Du glaubst
der Schatten, grölend dreist
Dir das Atemholen raubt!

»Und das Lamm erbittet seine Schelle
aus dem stilleren Instinkt.«
Als Toter trinkt das Reine

nicht mehr aus des Brunnen Quelle.
Jedes Wort das mit dem Hunger ringt
ist stets das Andere: und nie das Deine!

1

Der Brunnenmund.

– Auf dem Dorfe – Kriegskind ich.
Von Hamburg nach Mecklenburg
zu den Großeltern. Hofgebunden
war die Quelle hier das ›Reinste‹ auf der Welt
das Nass, das uns am Leben hielt.

2

Wasser, du sichtbarste
›von Mund-zu-Mund-Beatmung‹
dem Leben, jenem Schweigen ein Wort
zu verleih'n? Gebender zu sein!

3

Jeder Brunnen-Mund ist rein
möge der Quell
nur Filter jener Gülle sein
der ständig ist zur Stell'
Seelen am Leben zu erhalten.

4

Auf dem Wege zum Brunnen,
die Eimer zu füllen, dort
fiel mir ein, selbst Rand
eines Wortgebers zu sein.

5

So begann ich als Kind
ausgebombt, den Tod ständig vor Augen!
Hamburg brannte lichterloh
mir das Wort zu geben!
Aus dem Brunnen-Mund schöpfe ich mein Leben.

6

So trug ich die gefüllten Eimer in die Küche,
und tauchte ein, die gemeinsame Kelle:
jener Löffel, der stets Reinstes gab,
jenes Nass, das die gesamte Welt am Leben hält.

7

Rilke fragt:
»Gibt es denn Bäume, die
von Engel beflogen?« Da
fiel mir ein, ist nicht jeder Tropfen:
Das irdische Nass – Engel in sich?

8

Möge jeder Reim
auf jenem Worte enden
ausgemustert Engel zu sein!
Der Flug mit dem Tropfen, das Nass
Dir in die Hand zu geben
jedem Bach – güllefrei – zu halten!

9

Möge mein Wort an dieser Stelle enden
sollt ich nicht – den Tropfen Wasser –
wortgebunden als Engel zu verstehn.

10

So gesehen, blieb ich stehen
vor dem Reinsten-Mund
– ob Engelhaar – oder einer anderen
Diallele: am Ende zählt
jeder Tropfen Nass, den uns die Mutter
Erde gibt: sollt es auch nur – mir – Engel sein.

(XXIX) »Stiller Freund der vielen Fernen, fühle
wie dein Atem noch den Raum vermehrt …!«
Glockenläuten, bitterer Wein. Das kühle
Fühlen blendet aus den Raum, bekehrt!

Im Übermaß, die Nacht zu begrüßen
fällt der Eimer am Stock herab,
um das köstliche Nass zu versüßen
als Beginn: die Sinne einzuläuten. Der Stab

hob aus dem Erdreich – dem Filter –
das köstlichste Nass empor.
Erfahrung bedeutet, die Zauberkraft

der Sinne mit köstlichem Nass zu begießen. So stillt er
der Erde Verlangen. So ist der Chor
der Sinne befreit aus kehltrockener Haft!

***

»Wasser bleibe REIN, wie jener Traum:
jeder Baum ist engelbeflogen, wenn der Mensch
… Gift und Gülle …!« weiter komme ich nicht, um?
nicht am Menschsein zu verzweifeln …!

Brunnen-Mund, hier Öffnung zu verstehen
tiefst in die Unterwelt hinabzusehen.
Und was sahen diese beiden Ichs?
… mich …!
So gesehen ist im Grunde nichts geschehen:
meine Augen gaben sich die Hände
möchten gerne Gründliches verstehen.
Aber? Die Ohren haben Wände
zart, wie jedes Wort, zu glauben
… das der Glaube Wissen ist …!
Aus dieser Runde trat ich aus
und blieb Ich für mich:
Brunnen-Mund! …
»Atem, du unsichtbares Gedicht!«

***

So wie Karl Jaspers 6. Vorlesung nach 1947 »Die Philosophie
der Zukunft«: »Das Sein öffnet sich uns nur in der Zeit.« …
Mein Thema F und G fasse ich ganz großmaschig zusammen.
Diese Grundgedanken bilden die Zukunftsgedanken aus, ein-
zusteigen in ein Grundkonzept. Mein Tagebuch ist sowieso –
nur – ein Blick, meine Augen in die Hand genommen zu haben.
Vergangenheit und Gegenwart vor dem Innersten ablaufen zu
lassen! Wort geworden dann, mögen all die Reize, die mir ein-
gegeben wurden zum Thema »Wunder Sprache, und Wunder
Mensch«, dieses große Rund ARENA Erde/Mensch usw. Ein-
klang finden in dem Hausgebrauch, Sprache als sehr wichtig zu
erkennen. Denn? Die Digitalisierung zeigte mir das Loch im
Spiegel; und das nicht nur: hindurchgeschaut! Überbevölkerung
und das Irdische, mit der Sprache beginnend, wie wichtig die
ständige Auseinandersetzung von Mensch zu Mensch bleiben
sollte … zum Wohle der Menschheit insgesamt.

F/G

Das Irdische

KJ/ 6. Vorlesung »Die Philosophie der Zukunft«
Getrennt und doch zusammen in dieser ARENA Mensch!
Und/ XXIX letztes Sonett Zeile 12,13,14:
»Wenn dich das Irdische vergaß,
zur stillen Erde sag: Ich rinne.
Zu dem rauschenden Wasser so sprich: Ich bin!«

***

Das Ausmaß irdisch zu denken gab mir meine Mutter mit in
die Wiege.

*

Da liege ich, dem Irdischen vertagt, und sage zur Erde als
Anfang: ich bin! … ohne dass das Wort über meine Lippen
schimmert.

*

Zu dem rauschenden Wasser spreche ich dem Rinnen gleich:
Nehmer und Geber von Kreisleichen ›Wörtern‹ weder Anfang
noch Ende zu sein: Einfach, nach Euklid 1 Mensch. Bin ich?
Das fragte ich selten bis nie!

*

Zu sein ist im Lichte nur die Spiegelung sich in Wörter zu verkleiden. Der Raum zum Atmen nimmt das Leben sich selbst anheim, im Worte selbst der ATEM zu sein.

*

Bin ich? Diese Frage stelle ich mir nicht. Der Fluss fiel wie ein Stein in meine Sinne ein, grenzenlos zu sein: auch sind's der Wörter ZWEI!

»Und wenn dich das Irdische vergaß«,
dann müsst ich im Grunde zuerst mich vergessen?
Zur stillen Erde, so Rilke: »Ich rinne!«, zu dem rasenden Wasser sprach ER: »Ich bin!«.

(XXV) »Selbst die Blätter durchwinterter Eichen
scheinen im Abend ein künftiges Braun.«
    Zu meinem ›Grauen Haar‹ stimme ich mit der Eiche überein: Das Irdische als EINS zu betrachten – der Himmel sei eingereiht.
(XX) »Zwischen den Sternen, wie weit, und doch um wie vieles noch weiter, was man am Hiesigen lernt!«
    So sage ich nicht zum rasenden Wasser: ich bin, da mein Tagebuch im Alter erst beginnt. Ob ich beende? Das liegt am Irdischen, jener Zeit: Dort – wo noch viele Wege zu beschreiten sind.
Das Göttliche Weiten, über alle Wortsymbole hinaus: damit ich nicht sagen muss »ich rinne« oder »Ich bin!« ... ich muss! So befremdet mich der Raum, das Irdische wie gehabt, ob Tag oder Nacht, ob Jahr oder Jahrzehnt.

Arkadia

Jedes Zurück ist auch ein Voraus!
So steh ich wortlos vor dem Tor:
Geboren! Die Hände geöffnet, wie
Großvater, wenn ER über die Felder schritt
die Wanne vor dem Bauch, Dünger
über Keime verteilend. Diese Bilder
nehme ich, ausgeträumt mit – in –

die neue Zeit. Abgeschlossen jene Träume
Kindheitsschäume: Jugendzeit. Erste
Liebe wird zum stillen Hort, eingeschlossen
unterm Reif des Winters, mit dem Schrei
Kälte zu durchbrechen. Im Wort
mit dem Teufel zechen, für
die Saat, die mich erkennen ließ:

Jedes Zurück ist auch ein Voraus!
Mein Lächeln für das Wort: ARKADIA!

Das Ich hinter dem Spiegel: *Das Irdische*!

… Und ich ging die Straße der Wörter:
geboren. Und ich ging die Wege des Lichtes:
Werden im Sein.

… und ich trottete gemächlich
hinüber: und!!

… und ich bog um die Ecke:
Altes empfing mich.

… und ich schloss die Augen
um wortlos zu sein.

… und ich gab mir die Sporen
ich flog ins Vergessen: und!

… und ich log, um die Wahrheit
zu erkennen.

… und ich sollte töten: Krieg
da hörte ich auf ein Mensch zu sein.

… und ich ging die neue Straße
unverstanden.

… und ich ging die Wege der Dunkelheit
allein!

… und ich trottete gemächlich hinüber:

… und? … Werden im Sein!

Das Irdische

Geburt/Tod: Das Leben?
Nein, es gibt ein Davor und
ein Danach! Somit weben
wir das Leben zum Bund.

Das Davor und das Danach
zusammengehörig: d.h. das Leben
so die Parabel: »Oh Mensch gib acht.«
Ein Nehmen und ein Geben

im Almanach des Geschehens
nach Euklid ein ruhmreiches Band.
Dieses als Ganzes, zu reihen

ein in die Sinne des Verstehens
einzugliedern in das irdische Land
Leben nur als EIN Teil einzuweihen!

Heimatland zu atmen pur
Deine Frohnatur: Das Irdische! …

***

Und als ich das Irdische vergaß?
blieb das Rinnen:
geheilt im eigenen Wort!
Wieder lag der Stein am Boden.
das rasende Wasser wusch ihn rein.

Und unter den blendend weißen Soden
lagen die Wurzeln, blasser
als je zuvor; aber mein ... ich atme ein ...!

G

Überbevölkerung, das Ende meines Suchens.
(XXIX) »Stiller Freund der vielen Freuden, fühle
wie dein Atem noch den Raum vermehret.«

Ist dir Trinken bitter, werde Wein. (Heraklit)

Benjamin LEE Whorf
»Die Suche nach Wahrheit ist eine Art göttlicher Sucht wie
Liebe. Und Musik gehört sie nicht auch dazu?«
In all den Nuancen beblühen mich die Gedanken, die aus un-
endlichen Gräben heraus in den Tag hineinspringen möchten:
wenigstens Knospe gewesen zu sein.

Die Kolonialisierung kehrt HEIM!

Ob sich die iPhon-Elite außerhalb der Gewinne Gedanken
gemacht hat, welche weltweite Massenflucht in Nationen auf-
wachen wird mit 9, 10, 11 … Kindern vom sozialen Etat der
Restbevölkerung im fremden Lande leben zu wollen, um noch
10+-Familien im fernen Afrika usw. ernähren möchten, ohne
als Staat im Staat das zu praktizieren, was uns Anderen als eine
Sintflut der Überbevölkerung proklamiert wird.

Eine Rückentwicklung setzte ein, die Kolonial- und Glaubens-
kriege setzen sich fort: kehren heim.

Dort, wo er, der sich in die Luft Sprengende zur rechten
Seite seines angebeteten ›Wort-Gottes-‹sitzend, heilig und
selig gesprochen sollte sein! Ich gehe mit diesen Gedanken –
MENSCH – schwanger! Ich, kein Radikalist, kein Nationalist,
kein rechts wie links Orientierter: obwohl ich meine Kinder-
heimat über alles liebe!

Aber jemand, der 51 Jahre hart gearbeitet hat, als Normalbürger im Alter ein wenig sich als Mensch ausgeben zu können: »ich denke!«, sprachen schon viele Philosophen! Denke ich aber an die Bevölkerung der Erde, wie sie unnachgiebig wächst, nur um irgendwo die Würde Mensch zu leben, dann begebe ich mich auf den Weg, meine Romantik auf der realen Seite enden zu lassen, im Rösselsprung, selbst Mensch gewesen zu sein, aufzugeben: so wie Nietzsche sagte: »um sich von der Allmacht Mensch zu befreien«.

Überbevölkerung: über Bevölkerung zu reden ist das EINE. Das andere EINE, das ist die Überbevölkerung, das stille Hineingebären in Religionen, diese Überbevölkerung allein durch Kriege zu bewerkstelligen: Göttliche Kriege, das versteht sich dann von selbst.

Man will der Mächtigste sein. Kommt also Alle rein …! Die Zahl der Menschen verdoppelte, verdreifachte sich Jahr um Jahr. Bis? Hat man die Mehrheit erreicht, dann braucht man wieder das göttliche (Menschenwort) »Tötet alle Die, die anders glauben und so fort!«

Und schon zieht man wieder in die Glaubenskriege(wie gehabt!)

***

Ob sich die Atomzertrümmerer einst Gedanken machten, wohin mit dem A-Müll?

***

Spreche ich über die Überbevölkerung, dann sehe ich übergüllte Äcker! Mehr Profit! So oder so gesehen …!

***

Über–Bevölkerung löse ich n u r gemeinsam auf: als EIN-
HEIT Bevölkerung!

**

Massentierhaltung wird angeklagt.
»Wie sollen wir die Menschheit denn sonst ernähren?« So sprachen
sie, die mit Gülle und den Kuhmilchrekorden verseuchen so
die Menschenhorden!

Geburtenkontrolle hindert in unendlichen Bereichen das
Übermaß, die Mutter Erde zu vernichten. Man bohrt die Erde
an, um im Pressluftverfahren Gas zu gewinnen. Man rottet die
Schweine zusammen, 2 m im Quadrat, das reicht, um Fleisch
zu produzieren. Beim Federvieh das gleiche Spiel. Bricht eine
Seuche aus, da zu eng der Raum für die Einzelwesen, dann
keult man Tausende … nur Federvieh …!

Und ich denke voraus, da sich die Bevölkerung in meiner
Lebenszeit vervielfachte, und in den afrikanischen Ländern,
in Übersee und wer weiß noch wo. Dort heizt die Religion die
Massen an: »Zeugt, zeugt!«, so erhalten wir die Macht.

Großvater fuhr mit mir, als ich noch Kind, den Dunghaufen
leer – bei Frost – damit der Dung sich bei Frost langsam ans
Erdreich herantasten konnte.

Heute schüttet man die Felder mit Gülle zu und ertränkt,
mit dem Restmedikament (Flüssig-Kot und Urin) der Tierwelt,
um sie lang zu erhalten –!

Der Kommunismus wollte die DDR reaktivieren. Alle Menschen sind gleich! Bis man dahinterkam. Der Arbeiter ist tot,
es lebe der neue Zar: Die Partei!

Ich müsste die Wände der Erde von Grund auf NEU bemalen,
um all die Wortbereiche, Gelöbnisse, Zyklen dort unterzubringen, nur um das Verstehen von Hungersnöten der Bevölkerung – weltweit zu unterbreiten.

Wird der Mensch zu fett, dann verkleinert man den Magen, macht Hungerkuren … usw.! Alles wissenschaftlich erwiesen, so die resolute Wissenschaft.

Über-Bevölkerung ist nichts Anderes als Übergewicht: Masse-Zucht …!

Dann schreiten wieder Kirchen ein, dass es Sünde sei … also reduzieren wir – Menschen – wieder wie ›Althergebracht‹: einst mit der Keule, dann mit Pfeil und Bogen, dann mit dem Schießgewehr: Heute mit Langstecken-A-Bombern, um die Erde vor der Überbevölkerung zu schützen!
Es gibt kein Wort dafür
und kein Dagegen.
Dann kehrt jeder vor seiner
heiligen Tür mit Pfeil und Degen.

So gesehen wird nicht viel geschehen. Ich finde mich langsam damit ab, wie Nietzsche einst von sich beschwor: »nicht mehr Mensch sein zu wollen! Zu menschlich sie!«
Das ist das Ende meines Suchens … und doch ein ständiger Neubeginn!
An dieser Stelle wurde mir das siebente Auge bewusst, als 7. Sinn. Einfach nur als die große Einheit SEHEN, eins zu sein mit mir in dieser Welt: in dieser ARENA, Mensch zu sein.

Rilke endet im letzten Sonett seine Sonette an Orpheus:
»Und wenn ich das Irdische vergaß,
zu der stillen Erde sag: ich rinne.
Zu dem raschen Wasser sprach ich: ich bin!«

Zu meiner Kindheit sagte mein Klassenlehrer »Es gibt auf der Welt
1 ¾ bis 2 Milliarden Menschen« Ich war 10 Jahr alt.

Heute, das 80. Lebensjahr vollendet, spricht man von 7 bis 8 Milliarden.

Und die Religionen – ALLE – predigen: »Zeugt, zeugt!« Warum? Sie wollen aus der Masse heraus ihren Wort-Gott im Worte befrei'n, einzig wahr zu sein: für Alle Zeit.

***

Das, was Jahrhunderte, Jahrtausende dauerte, verdoppelt, verdreifacht sich. Wohin mit der Masse der Über-Bevölkerung? Dezimierung durch Krieg …! …?

***

Unser Wort-Gott wird's richten! Welch ein Wort. Und sie merken nicht: Es sind Menschen-Worte.

***

Quine (1908–2000), ein amerikanischer Philosoph sagte: »Wissenschaft ist ein rein selbstkorrigierender Prozess methodischer Wahrheitssuche!«

***

Ist das schon Wahrheit? Nein! Die Über-Bevölkerung bringt diesen Prozess bald zum Stehen! Wenn die ersten Menschen sich wegen eines Glases Wasser duellieren, oder insgesamt in die Kriege ziehn!

Menschen ?

Wir … rotteten die Indianer aus.
Wir … töteten die Christen in ARENEN.
Wir … schauten zu. Die Neger versklavten
Wir … In den KZs vergasten
Wir … die Juden.
Wir … töteten als Christen sie, die
Wir … zu Hexen machten. Die Inkas töteten
Wir … um reicher noch als reich zu sein.
Wir … töten heute Moslems, Bosnier, die Serben
        und Kroaten …

Wir … und Einer schrieb
Wir … sind das Volk, und Tausende meinten
Wir … machten eine Revolution
Wir … sagt bitte nicht – Wir – sind die
        Menschen.
        Verdammt – WER – ist denn dieses WIR?
Wir … machten wieder einmal Krieg: wie gehabt!
Wir … durften jetzt auch als Gute wieder die Guten töten.
        Das sind …
Wir … in der: ARENA Mensch!

… auf der Mutter-Erde Ball …!

Tagebuch-Ausklang I–III

I
Schluss-Akkord

Ich reiche mir, zum Selbst, die Hände.
Zum Geborensein – ein Hort –!

Es wurden Bücher, Bände.
Was kam heraus? Ein Wort.

So reihen sich die Tropfen aneinander.
Sie wurden Quelle, Bach, dann Fluss!

Das Meer nimmt auf, als Fuß,
ihn, in seinen Zeitkalender.

Ich schrieb mein Suchen auf:
Dir, der Du ein Bad genommen
mit mir im Wörter-Meer!

Am Ufer dann ein Bild geworden.
Aufgelöst so das »Unsichtbare Gedicht«.
Doch was blieb? Ein Ich ein Du

auf der gemeinsamen Reise
durch das Meer des Lebens, Zeit:
mein Schluss-Akkord!

II

Am Ende meines Suchens
fand ich im Worte HEIM:
Selbsterkannt mir fremd zu sein.

So schöpft ich mit des Wortes Kelle
ein Stückchen Brot heraus
aus jenem Krug, den Mutter uns gefüllt

mit all dem Glanz, trotz Kriegsgebaren:
Hunger, Angst und Todesfurcht im
Bombenhagel hinaus ins Licht zu schau'n.

Ich bin geboren! Das Alter gab mich frei
im Angesicht der Lichtgeburten
meine Wörter zu zergliedern.

Der Mutter bitt' ich – Geburtswehen – verzeih,
um dort zu stehen, wo ich heute
immer noch steh, Romantiker zu sein!

Ein »Romantischer-Realist«?
Mal Berges-Höhn – mal tiefst im Tal
das Taggeschehen zu überstehen.

Mutter, meinen Dank!
… dem Vater hielt ich stumm die Hand.
Das ist mein Tagebuch im Wortgewand …!

III

Mein Ich-Bekenntnis

Der arme Poet

Er weinte oft, wo Andere noch
lachten, und faltete die Hände dort
wo im Gelächter irgendwo ein Mensch
verhöhnt, dem Spott der Masse
ausgeliefert war: Allein!

So ist das Handwerk, Handwerk dem
POETEN, der aus der Nähe die Kollegen:
Menschen sah. Der Philosoph spricht
wahr und weise, bis die seine Wahrheit
aufgelöst wird: Zeit – das Weise blieb –
so lange wie die Obrigkeit die Gleise
ins Verstehen oder Nichtverstehen trieb.

Und der POET? Er schreibt vom Für und
Wider zwischen all den Zeilen,
und wartet auf den Augenblick, bis er
erkannt. NUR? meist ist der Poet schon lange –
lange – tot! Ein Zeichen färbt den Himmel rot:
Das war sein letztes Wort:
Im Licht verbrannt.

Hier endet mein Tagebuch, bis ein neues beginnt.
Hoffnung ist allein der Sinn!